Rhwng Dau Glawdd

Dyddiadur Ffermwr a Dinesydd

Tom Jones Plascoch

Argraffiad cyntaf: 2017

Cyhoeddir gan Wasg Carreg Gwalch,
12 Iard yr Orsaf, Llanrwst, Conwy, LL26 0EH.
Ffôn: 01492 642031 Ffacs: 01492 641502
e-bost: llyfrau@carreg-gwalch.com
lle ar y we: www.carreg-gwalch.com

Rhif rhyngwladol: 978–1-84527-604-1

Cynllun Clawr: Eleri Owen
Llun clawr: Alan Dop

Mae'r cyhoeddwr yn cydnabod cefnogaeth ariannol
Cyngor Llyfrau Cymru

Bydd breindal y gyfrol hon yn cael ei gyflwyno i elusennau o ddewis yr awdur

Cyflwynaf i'm gwraig,
Marged.

Cyflwyniad

Dwi'n byw rhwng dau glawdd, dau glawdd gwarcheidiol. Mae'r ddau, fel y llewod tew sy'n gwarchod Pont Britannia, wedi'm hamddiffyn ers dyddiau coleg. Dau glawdd bellach yn un pyramid wrth iddynt gau amdanaf. Lôn goed o bapur, ffeiliau a chabinets yn cysgodi llwybr sy'n culhau i ben draw fy swyddfa flêr. Yn ôl Aron, fy ŵyr, mae'n 'shambyls'. Yn ôl Marged, fy ngwraig, dwy domen sbwriel sy 'ma yn crefu am fatsien neu, yn ffasiwn yr oes, am gael eu hailgylchu. Dyma fy ffatri prosesu papur, heb yr un elfen greadigol yn agos i'r lle. Storfa gwiwera a gwe pry cop o wybodaeth, rhag ofn ...

Mae'r llwybr rhwng y llewod yn ogleuo o welingtons ffarmwr ac yn rhy beryglus i Laura Richards a Henry, ei hwfer, ymosod arno. (Laura sy'n tacluso yma gyda'r un gofal ag a rydd dros gwpanau gwobrau'r Eisteddfodau Cenedlaethol ac Eisteddfod Powys.) Dylai wisgo helmed i fodloni rheolau iechyd a diogelwch cyn mentro i mewn. Ond mentro'n gydwybodol wnaeth hi ers degawdau. Bellach, dim ond un ymgyrch hwfer i lawr y llwybr sy'n bosib, troi'n fyr wrth y gadair bendroni ac yn ôl at y drws. Rhyw rybudd i'r llwch ac i unrhyw lygoden i swatio tu ôl y bocsys os am osgoi cael eu cynaeafu. Fyddai Pepys yn cydymdeimlo?

Ym mhen draw'r swyddfa mae sialens arall i'w goresgyn. O dan y bwrdd a'r ffenestr mae gwifrau cyfrifiadurol yn glawdd o fieri plethog. Cwmni peryglus i wifrau ffôn a thân trydanol. Ar y ddesg, mewn bwlch yn y clawdd, mae'r ateb diweddaraf i'm holl broblemau – cyfrifiadur ac argraffydd a fyddai â'r gallu, mewn dwylo iau, i docio'r ddau glawdd yn ddestlus i ddau sgwâr melyn yn 'My Documents' a'u gwarchod, tra bydd y lloeren a'i band eang ysbeidiol yn parhau i gylchynu fy swyddfa.

Lle i'r meirw orffwys yw pyramid, ond mae bywyd yn fy ystafell o gloddiau pig gan fod gen i focsys o dabledi gwyrthiol i reoli pwysedd gwaed wrth i mi ymlwybro i mewn ac allan yn ddyddiol. Roedd hi'n anorfod y byddai ffarmwr efo gradd mewn Hanes yn datblygu pwysedd gwaed uchel. Methu penderfynu ar yrfa. Pori mewn sawl cae. Ceisio bylchu'r cloddiau traddodiadol. Pipian dros y dywarchen. Byseddu drwy'r craciau i frwydro'n erbyn y disgwyliadau teuluol gwledig.

Dwi wedi byw cyhyd, gyda diolch i'r cloddiau gwarcheidiol. Un clawdd o ffeiliau lled-gyfreithiol, amaethyddol ar y chwith. Cofnodion symud defaid o un ffarm i'r llall. Pentwr glas a gwyrdd o dystiolaeth i'm hamddiffyn ar ddiwrnod archwiliad. Pasborts gwartheg i bob llo, buwch a tharw wedi'u rhannu'n wleidyddol gyfartal fesul bocs yn wryw a benyw. Cynhwysion gwybodaeth sy'n fêl ar fysedd biwrocrataidd fydd yn dyheu am ddarganfod y craciau yn y clawdd, y brics di-berthyn, y gwallau anghofio ddaw'n amlach wrth heneiddio. Diolch byth fod rhai o'r archwilwyr yn tosturio.

Mynydd o glawdd sy'n tyfu'n ddyddiol. Pentwr arall mwsoglyd o filiau a rhybuddion terfynol yn fy ngwahodd i'w talu. Disgwyl i mi waelodi'r cyfri banc i gadw'r clawdd yn daclus. Talu, pan fo angen adhawlio'r dreth ar werth, fesul tri mis, a chael cyfle i weld pen y clawdd a throsto i'm hatgoffa fod 'na fyd tu hwnt i'r pyramid. Sawl ffarmwr, tybed, welodd *Fimosa* dros ei glawdd heb fentro'i byrddio?

Gwrych o glawdd wedyn yn ddeiliach o rifau ffôn, tystysgrifau prawf ailgylchu, hawl i drochi anifeiliaid, hawl i yrru Land Rover a threlar, hawl i warant gwerthu cig oen. Y cyfan yn hydrefeiddio a chyrlio yn y cynhesrwydd ac yn hongian yn ystlumaidd, wrth ddarnau o selotep. Popeth yn bwysig, yn anhepgor ac am byth!

Dyma'r dystiolaeth fy mod yn ffarmwr. Chwalu hwn, a charchar, nid pyramid, sy'n fy aros. Byddai dymchwel y clawdd, herio'r llew, yn fy noethlymuno mewn sgandal deilwng o dudalen flaen y *County Times*. Nid y cynnyrch, yn gig, llaeth a gwlân, sy'n bwysig i rai ond y cofnodion am eu bodolaeth a'u symudiadau.

Diolch byth, mae'r clawdd ar y dde'n fwy lliwgar a bioamrywiol. Pentwr o ddyddiaduron deugain mlynedd o brofiadau breintiedig. Lein ddillad o luniau oes o fywyd gwirfoddol a chyhoeddus. Lluniau o ddringo dros y clawdd a theithio ledled y byd. Lluniau o ffrindiau newydd a digwyddiadau hanesyddol. Clawdd pridd ffrwythlon a cherrig cywrain a naddwyd o bwyllgorau a phenderfyniadau strategol. Adolygiadau Comisiwn Richard ar bwerau'r Cynulliad, dyfodol y Parciau Cenedlaethol, hyfforddiant amaethyddol, addysg gyfreithiol a hawliau cleifion, cofnodion cyfarfodydd dyddiau cynnar S4C, penderfyniadau anodd ar dorri cymorth cyfreithiol a thrafodaethau eang ar ddyfodol dinasyddion Ewrop ym Mrwsel.

Lluniau hefyd o hapusrwydd buddiolwyr grantiau'r Loteri Genedlaethol. Grwpiau o wirfoddolwyr a staff wedi gweld angen ac wedi fy narbwyllo i a chyd-aelodau o'u gallu i ddefnyddio'r grantiau er budd achosion da. Mae'r grantiau'n rhan o glawdd, yn ffrynt annibynnol rhag gorddibyniaeth ar nawdd llywodraeth a phŵer gwleidyddion.

Y cyfan yn ffeiliau rhesog, fel llechi wedi'u hollti a'u storio. Pryd o atgofion blasus fel brechdanau Pret a Manger yn tynnu dŵr o ddannedd y biliau gwancus, eiddigeddus yr ochr arall i'r swyddfa.

Dyma dystiolaeth wahanol o fodolaeth yr un person. Mae gen i glawdd o hanes i'w drysori. Lloches i warchod y personol, y teuluol a'r cyfrinachau sydd wedi pentyrru dros oes. Mae gwên ar wyneb y llew yma.

'Aw!'

Bocs o hen gofnodion yn cwympo ar fy mhen. Mae'n rhaid gwneud rhywbeth. Chafodd yr un Pharo ei gladdu yma ond, gyda mymryn o ddaeargryn neu ddos o disian, gallwn gael fy mygu dan y bloneg papur a'm claddu mewn cofnodion.

'Yma y gorwedd truan wyddai ddim am flaenoriaethu, fethodd wahaniaethu rhwng dibwys ei orffennol a'i anghenion dyddiol. Llwch mewn llwch, mewn lluwch o bapur.'

'Aw!' eto.

Dyddiadur clawr caled 2015 wedi syrthio o ben y clawdd personol a'm taro fel drôn dargedodd fy nghorun moel a thynnu gwaed. Dyna ddigon. Fel Noa, rhaid dechrau ar y dethol, gostwng y cloddiau, ailgloriannu'r holl bwysig. Dechrau yn y diwedd ... oedd 'na ruddin o werth yng nghloddiau 2015? Bydd angen sgip!

08-01-2015

Je Suis Charlie

Rue Belliard, Brwsel

Ym Mrwsel heddiw, 99 Rue Belliard, Adeilad y Pwyllgor Economaidd a Chymdeithasol. Dwi'n un o dri o Gymru, gyda Rose D'Sa a Brian Curtis, ac un o 24 o'r Deyrnas Gyfunol sy'n aelodau o'r corff statudol ymgynghorol hwn. Mae'n chwaer i Bwyllgor y Rhanbarthau a chefais fy enwebu naw mlynedd yn ôl gan brif fudiad gwirfoddol Cymru, sef Cyngor Gweithredu Gwirfoddol Cymru (WCVA), ac yna gan Brif Weinidog Cymru, i'r Swyddfa Dramor.

Yma ar gyfer cyfarfod cyntaf y flwyddyn o'r Adran Amaeth, Datblygu Gwledig a'r Amgylchedd. Wedi hedfan allan o faes awyr rhyngwladol Birmingham neithiwr, yn ôl fy arfer. Aros yn fy ngwesty cyfarwydd, La Madeleine, rhwng yr orsaf drenau ganolog a'r Grand Place, am 50 ewro. Swper Groegaidd yng nghaffi'r Mykonos, a hynny, eto, yn ôl fy arfer. Cerdded drwy'r parc bore 'ma, tua milltir a mwy o daith, i geisio cadw'n heini, gan y bydda i'n eistedd weddill y diwrnod. Mesur fy ffitrwydd drwy geisio cerdded yn gyflymach nag unrhyw berson ifanc o'm blaen! Angharad Mair, sgen TI ddim siawns!

Cyfarfod y bore wedi'i neilltuo i'r Biwro (y Pwyllgor Gwaith). Cefais fy ethol iddo ddwy flynedd yn ôl ac ynddo y gwneir y prif benderfyniadau – pa ddogfennau i'w trafod, beth yw'r gwariant hyd yn hyn ac ati. Dilyana Slavova o Fwlgaria yw'r Gadeiryddes bresennol a gwnes bopeth posib i'w chefnogi yn ei hetholiad, oherwydd ei gallu i arwain yn glir ac effeithlon. Yma y cytunwyd y byddwn yn gyfrifol am baratoi adroddiad yn ddiweddarach yn y flwyddyn ar y rhaglen o ddatblygu gwledig gwerth 100

11

biliwn ewro ar draws yr Undeb Ewropeaidd o 2014 i 2020. Ond roedd trafodaethau'r bore yn sobrach nag arfer oherwydd sioc y newyddion o Baris ddoe. Llofruddiwyd 10 o staff a swyddogion diogelwch yn swyddfa'r cylchgrawn *Charlie Hebdo*, yn 10 Rue Nicolas Appert, gan gynnwys y golygydd, Stéphane Charbonnier, a dau heddwas. Roedd y ddau derfysgwr yn frodyr ac yn cael eu herlid gan filoedd o blismyn a milwyr. Cydymdeimlwn yn fawr â'm cyd-aelodau o Ffrainc, gan gynnwys fy ffrind George Chingal amgylcheddwr blaenllaw. Pawb yn ymateb fod yr ymosodiad yn un ar ryddid llais a barn ac roedd posteri ar ddrysau ein swyddfeydd yn cefnogi – 'Je Suis Charlie'. Dyna pam roedd dau filwr ifanc arfog yn gwarchod mynedfa ein hadeilad y bore 'ma.

Galwodd Llywydd y Cyngor, Henri Malosse o Gorsica, am inni gynnal munud o dawelwch gyda'n gilydd ar y chweched llawr am hanner dydd.

* * *

Dyma ni'n pentyrru yno, mewn rhesi anffurfiol, fel gorsedd o gerrig plastig mân. Ceisio ymgrymu, er yn herfeiddiol, fel y 300 Spartan gynt. Ymgrymu mewn munud o goffadwriaeth dawel. Herio, o du fewn ein tarian goncrid – Tŷ Sifil Brwsel, sy'n gaer o leisiau cynrychioliadol. Ymgasglu, wedi'n consgriptio'n ysgafn, yn lleng o gyd-gonsýrn.

Sefyll am funud wib yn gwisgo bathodyn 'Je suis Charlie' i ddatgan, o ddiogelwch ochr yma'r clawdd, ein 'solidarnos' dros hawliau lleisio barn bryfoclyd cartwnydd ac un o'n cyd-ddinasyddion Ewropeaidd mud.

Sefyll ar y chweched llawr i amddiffyn sylfaen ein terfyn cyfansoddiadol; y gwerthoedd Groegaidd; conglfaen democratiaeth canrifoedd. Cysgodi fel llygod maes, er fod y clawdd wedi'i lwydo a'i fwsogi gan hen waed esgusodion milwrol, imperialaidd, gan honni ein hamddiffyn. Mae'r darian yn gwegian heddiw dan bwysau procio'r bwledi sy'n trydar, yn cael ei phicellu gan waywffyn gwe-ffonau digidol. Sefyll i warchod ffrynt a fylchwyd ger y Bastille symbolaidd, er mai maes sarhad oedd maes y gad i derfysgwyr swyddfeydd Paris. Ninnau'r milwyr pwyllgor yn athronyddu yn ein munud dorfol, dawel heb fentro sbecian dros y parapet i ddyfalu pam y methodd rhyw Seithenyn rwystro'r rhai yn eu mygydau duon a'u gynnau AK-47 rhag croesi'r ffin a chreu ni a nhw.

* * *

Bum mlynedd ar hugain yn ôl ym Merlin, chwalwyd clawdd gwarcheidiol arall. Mur a godwyd ar frys militaraidd i esgymuno'r gwerthoedd gwrth-gomiwnyddol. Sefydlwyd ffrynt haearnaidd, gwifrog rhag lleisiau democrataidd gorllewinol. Fe'i chwalwyd gan ddwylo dewr er mwyn adennill unoliaeth deuluol. Syrthiodd dan bwysau mynnu llais a phleidlais deg.

Heddiw mae Putin yn ailadeiladu ei Jerico, yn herio tu ôl i'w frics milwrol; yn amddiffyn yn ymosodol gyda'i olew a'i nwy darfodedig. Yn taflu cysgod hir dros annibyniaeth ei gymdogion Baltig tra bod yr Americanwyr yn ffracio'n wyllt ym mherfedd Califfornia i danseilio'i arfau nwy ffosil.

* * *

'Nôl ar gyrion coedwigoedd gogledd Paris, lle bu'r brenhinoedd-uwchlaw-ffiniau yn hela gynt, mae ffalancs arall o blismyn glas a milwyr yn hela'r ddau a groesodd y llinell mor waedlyd. Fydd dim dianc o'r gorlan; dim

13

cydymdeimlad i lwynogod. Bydd eu gwaed yn llifo ac oeri nepell gan mlynedd o Ypres a'i gloddiau priddlyd. Adeiladwaith mwdlyd a fethodd amddiffyn Hedd Wyn a'i genhedlaeth ddiniwed. Y cerrig mân a daflwyd i'r bwlch i achub eu treftadaeth.

Yn Nhrawsfynydd mae rhywun wedi cael grant i gyflogi crefftwyr i ailgodi sgerbydau o gloddiau cerrig ffarm Hedd Wyn, yr Ysgwrn. Ymdrech i atgoffa cenedlaethau am chwalfa a cholled tra, ym mhen draw'r cwm, mae arbenigwyr mewn cotiau gwynion yn costrelu'r ynni ffrwydrol rhag dianc, rhywbryd, yn Chernobyl arall.

Waliau gwarchod. Terfynau cydwybod. Ffiniau ofn. Mae'r morter yn cracio.

'Merci,' medd llais ein llywydd. Mae'r funud o gydymdeimlad drosodd, tan y bylchu nesaf a chwalfa arall.

12-01-2015

Tarw

Bore dydd Llun. Trip annisgwyl i'r sêl yn y Trallwng. Fi a'r tarw Saler. Dwi ddim yn disgwyl cwmni ar y ffordd adref.

Gwerthu tarw rhif UK 745283-200645 a gorffen pennod unigryw yn fy mhrofiad fel ffarmwr dros gyfnod o ddeugain mlynedd.

Dwi wedi gwerthu llofrudd i'w ladd.

Dechreuodd yr helynt am 2.30 y.h. oddeutu'r Nadolig. Sam, oedd yn gweithio yma ac yn bwydo'r gwartheg, yn ffonio ar ei ffôn symudol, mewn panig.

'Tyrd, cwic, mae'r tarw'n *beating the hell out of this cow!*'

Minnau'n rhuthro draw, yn gwybod fod teirw'n gallu ymladd â theirw eraill er mwyn sefydlu arweinydd y fuches, ond welais i 'rioed darw'n ymosod ar fuwch, fel petai ganddynt rhyw gonfensiwn greddfol i barchu'r merched.

Erbyn i mi gyrraedd roedd Sam wedi gallu gwahanu'r ymosodwr oddi wrth y fuwch Limousin druan. Safai hi'n crynu, yn faw i gyd ac wedi'i chornelu rhwng ochrau ffrâm y cuddygl gorwedd. Pwysai ar yr ochr, fel paffiwr efo'i dywel yn y cylch.

Mae'r ciwbicl i fod yn lloches i orffwys, ond y tro hwn ymddengys fod y cloddiau haearn wedi'i chaethiwo, gan roi rhwydd hynt, am ba bynnag reswm, iddo yntau ymosod arni'n ddidrugaredd.

Aed â'r fuwch herciog i adeilad arall, gwelltog – math o loches menywod – a galw milfeddyg. Iolo White yn archwilio ac yn datgan ei bod wedi torri'i hasennau'n yfflon a chael anafiadau mewnol o ganlyniad. Cafodd foddion lladd poen ond bu farw o fewn dyddiau, gan adael llo amddifad.

Erbyn hyn roedd y tarw'n llonydd ac yn ymddwyn yn naturiol ddieuog at weddill y fuches, a'r ffermwr. Ond, wedi gwneud asesiad risg, rhaid oedd cael ei wared.

Wrth gwrs, mae llawer o greulondeb ym myd natur. Mae 'na hierarchiaeth ysglyfaethu, o'r cryfaf i'r gwannaf, a phob creadur â'i rôl i sicrhau cydbwysedd. Am ryw reswm, os rheswm hefyd, aeth y tarw hwn y tu hwnt i'w gloddiau greddfol a'r patrwm arferol, a dyna pam iddo fynd i'r Trallwng y bore 'ma i wynebu'r gosb eithaf.

Nid i anifeiliaid yn unig y mae'r math yma o anfadwaith yn perthyn. Efallai fod lle yn y trelar i ambell anifail dwy goes ddylai wybod yn well.

16-01-2015

FriedensBrot (Bara heddwch)

Berlin

Mae'n oer a rhewllyd wrth i mi gwrdd ffrindiau ar groesffordd noeth yn Bernauer Strasse 119. Cwrdd George Walter, hanesydd bywiog, croesawgar – pennaeth canolfan gofio Wal Berlin. O'm blaen mae sgerbwd o wal goncrid lwyd, tua can medr o hyd. Roedd rhai am ddymchwel pob arwydd o'r wal a adeiladwyd mor ddisymwth ym 1961 i gadw trigolion dwyrain Berlin rhag dianc 'nôl at deulu a bywyd economaidd a chymdeithasol gwell. Ond roedd y mwyafrif am gadw darnau fel hwn i atgoffa ac addysgu cenedlaethau'r dyfodol am bwysigrwydd rhyddid sifil ac am yr aberth i'w amddiffyn.

Yma i ddathlu pum mlynedd ar hugain ers i drigolion dewr dwy ochr y wal herio a dechrau rhacsio'r concrid amrwd. Adroddodd George sut y croesawodd trigolion y gorllewin eu cyd-Almaenwyr trwy wneud paneidiau o goffi ar y stryd a chynnig bananas iddynt, gan gofio nad oedd bwydydd egsotig wedi bod ar gael o fewn yr ardaloedd comiwnyddol. Yna, gweld lluniau o'r bobl gafodd eu rhannu mor sydyn, yn taflu plant allan o ffenestri'r dwyrain i'r sectorau gorllewinol. Cael ein hatgoffa fod y rhaniadau fesul ardaloedd gweinyddol wedi'u pennu mewn cytundeb cyfrinachol, sbel cyn cwymp Hitler a'r Almaen. Nid dwylo gwaedlyd o'r dwyrain mohonynt i gyd.

Heddiw, er mor graffig yw'r lluniau du a gwyn, nid yw'n hawdd dychmygu clywed y sgrechiadau na'r saethu ysbeidiol wrth i rywun geisio croesi. Mae 'na awyr las, ambell aderyn Ionawr yn canu, traffig prysur a rhai siopau lliwgar o gwmpas y synfyfyrio. Ond ger y wal hefyd mae cofgolofn o focs rhydlyd mawr gyda lluniau dros gant o bobl, dynion ifanc gan mwyaf, a gollodd eu bywydau wrth geisio dianc.

Ymhlith y lluniau mae dau wyneb plentyn. Dau foddodd yn yr afon wrth syrthio i mewn yn ddamweiniol. Hyn yn y cyfnod mwyaf hurt pan oedd cyfarwyddyd i'r milwyr dwyreiniol saethu i ladd unrhyw un heb rybudd. Mae'n debyg i'r ddau foddi gan na feiddiai'r llawer a ymgasglodd neidio i'r dŵr rhag iddynt gael eu saethu'n syth.

Hefyd, yn arwyddocaol, mae lluniau dau filwr ifanc yn lifrai'r dwyrain gafodd eu saethu gan rai oedd yn ceisio dianc. Eto, bu trafod a ddylid eu cofio hwythau ochr yn ochr â'r merthyron ond, mewn ysbryd o edifeirio ac ailglymu cymunedau, fe gytunwyd i'w cofio. Bob dydd mae 'na wirfoddolwyr yn ymgynnull mewn eglwys fach i ddarllen coffadwriaeth fer i un o'r rhai gollodd eu bywydau. Heddiw roedd yna Mr Just yn gwneud yr union beth hynny, yn dawel a pharchus. Tybed am ba hyd y gall yr ychydig ffyddlon gynnal y seremoni a'r cofio? Does dim grantiau loteri fan hyn.

Mae i'r eglwys ei symbolaeth ei hun. Pan godwyd y wal roedd hen eglwys yn y ffordd yn rhwystro'r milwyr rhag gweld yn glir wrth warchod. Fe'i chwalwyd, gan adael clerig a rhai o'i braidd ar un ochr a'r gweddill ar yr ochr arall. Bu'r Tad Fischer yn ymgyrchu weddill ei oes i godi eglwys newydd ar safle cyfagos. Gwireddwyd ei freuddwyd.

Y prif reswm pam fy mod i yma heddiw yw i weld y cae bach o ryg sy'n tyfu yng nghysgod yr eglwys, ger y wal a rhwng dwy stryd. Ynys amaethyddol a'i neges fytholwyrdd fod angen heddwch i fwydo pobl. Penderfynwyd flwyddyn yn ôl y dylid plannu hadau rhyg mewn cae bach yr un yn y gwledydd cyn-gomiwnyddol ac, os oedd yn bosib, ger rhyw safle oedd yn gysylltiedig â'r frwydr am ryddid. Yna, ddechrau Hydref 2014, cynaeafwyd y cnwd ac, mewn seremoni o arweinwyr a theuluoedd yma, fe'i pobwyd yn fara. Bara arbennig i gofio am y tywallt gwaed ac i atgoffa pobl am werth heddwch, yn faterol ac ysbrydol.

Gellweiriodd neb i ofyn a oedd cynnyrch 'GM' yn y torthau na ble roedd y ddau bysgodyn. Dim ond tyfiant organig fedrai hwn fod. Cefais ddyrnaid o'r blawd a'i drysori, i'm hatgoffa fod cofio'n bwysig a bod gennym, fel dinasyddion Ewropeaidd, lawer yn gyffelyb a llawer i'w amddiffyn.

24-01-2015

Mis Ionawr yn hedfan a'r dydd yn ymestyn. Ar y ffarm, mae'r defaid wedi'u sganio gan David Evans, yr Ystrad, fel y gwnaeth bob blwyddyn ers dechrau'r wythdegau. Mae'r rhai sy'n cario dau a thri oen eisoes i mewn yn y siediau yn bwyta silwair a dwysfwyd. Arthur Hoyle, ffrind lleol ac aelod o barti canu enwog Cut Lloi, sy'n fy mherswadio'n flynyddol i brynu blawd Carrs Billington (cwmni Bibby). Rwy'n falch 'mod i'n gallu cynnal llawer o'm busnes drwy gyfrwng y Gymraeg ac yn ceisio ysgrifennu'r sieciau yn y Gymraeg hefyd. Mae mor hawdd bellach i brynu a gwerthu ar-lein ond heb inni gefnogi gwerthwyr ac asiantiaid lleol bydd bylchau ychwanegol ym mhoblogaeth cefn gwlad. Swyddi sy'n creu'r teuluoedd a'r dosbarthiadau ysgolion sy'n glawdd cadarn i'n hiaith a'n diwylliant gwledig.

Bu farw Doris Astley, Llechwedd Du, gwraig fu'n gofalu amdanaf pan oeddwn yn blentyn drygiog ac yn gweini yn yr Hafod, fy hen gartref. Yn ôl y sôn gorfu iddi dreulio llawer o'i hamser yn fy nghludo ar ei hysgwyddau o gwmpas y ffarm i'm perswadio i fwyta uwd ac yfed llaeth enwyn!

Darllen hefyd am ymddeoliad Adam Jones, fu'n angori sgrym tîm rygbi Cymru 95 o weithiau. Synnu iddo ymddeol ym mlwyddyn Cwpan y Byd.

Prynhawn 'ma, mynd am fy ffics weddol reolaidd i Gae Morfa i wylio tîm pêl-droed Dyffryn Banw'n colli eto, y tro yma o chwe gôl i ddwy yn erbyn Hay St Marys. Sôn am chwarae â'n cefnau i'r clawdd. Er colli, dyma un o brofiadau achlysurol hapusaf fy mywyd. Dim poeni am waith papur, dim areithio, dim myfyrio. Dim ond cydrannu'r rhwystredigaeth, cydlawenhau pan fydd gôl achlysurol i Banw. Llawer o dynnu coes a bloeddio ar y reffarî. Sefyll, yn bwysig, gyda'r Bwrdd Rheoli mewn eisteddle o hen gorff lori a chael coffi gan Bob a rhywbeth cryfach gan Dewi Gors. Mae mwyafrif y tîm yn Gymry Cymraeg lleol o dan arweiniad Gareth Jones a Carwyn Davies. Gwirfoddolwyr fel Gareth Rhandir, Barry Smith a Gerallt Hughes yw halen y fenter gymunedol yma. Nifer fechan, fel sydd mewn llawer o'n clybiau pêl-droed a rygbi, yn darparu maes a chyfleusterau i chwaraewyr ifanc a chefnogwyr hŷn, mewn oes pan fo gemau proffesiynol y teledu mor atyniadol a rhyngwladol. Byw mewn gobaith fod 'na Gareth Bale neu Aaron Ramsey arall yn eistedd ym môn y clawdd yn barod am eu cyfle.

Mae fy meibion innau'n mwynhau chwarae a gwylio pêl-droed – Owain yn gôl-geidwad i glwb Cymric yng Nghaerdydd a Steffan wedi arwain tîm dan 18 oed Cymru, eto fel gôl-geidwad. Mae Steffan, heddiw, yn perfformio mewn maes gwahanol, fel Lord Farquaad, ar goesau sigledig, yn sioe *Shrek* yn Aberdeen.

Chwaraewyr, actorion, dinasyddion, pawb ohonom yn perfformio yn theatrau bywyd, o flaen cynulleidfa sinigaidd a, gobeithio, gerbron rhywun fydd yn cloriannu.

05-02-2015

Mis tlws eira a mis pen-blwydd Nain Beti, sef mam Marged, a minnau.
Mae'n ben-blwydd arbennig arna i eleni. Rwyf wedi bod

yn aelod o gyrff gwirfoddol a chyhoeddus neu'n gadeirydd arnynt yn ddi-dor ers bron i ddeugain mlynedd, ac felly wedi treulio llawer o'r amser fel aelod ieuengaf a mwyaf dibrofiad mudiadau a sefydliadau Cymreig, Prydeinig ac Ewropeaidd. Bellach, dwi ar drothwy oed pensiwn y wladwriaeth ac yma yn 'The Body Holiday' yng ngogledd St Lucia yn paratoi at fy mhen-blwydd.

'You give us your body, we will give back your spirit.'

Tybed?

Person lwcus iawn sy'n cael dathlu'r fath garreg filltir mewn gwesty glan-môr moethus gyda'i wraig a dau o'i ffrindiau gorau – John a Beryl Vaughan. Mae'n braf, boeth yma. Bwyd ardderchog, massage a thrip i'r gampfa bob dydd. Y gwesty wedi'i amgylchynu, fel yr ynys, gan wrychoedd cyfoethog o flodau a phlanhigion. Lloches ddelfrydol i ymlacio ganol gaeaf a chyn y tymor wyna.

Cwrdd Suzanne a'i gŵr, Michael, ffrindiau i John a Beryl. Suzanne yn ferch i Hywel Lloyd o gwmni bwydydd anifeiliaid llwyddiannus Lloyd, Llynclys. Hwythau hefyd ar eu gwyliau yma. Suzanne yn llawn bywyd a heno wedi'n perswadio, rywsut, i fentro mewn bws mini i dref gyfagos i gael blas go iawn o fywyd cynhenid rhan dlawd yr ynys. Dyma beth oedd gweld y gwahaniaeth tu hwnt i'r clawdd. Ar un ochr, moethusrwydd a diogelwch a thawelwch hamddenol. Yr ochr arall, carnifal yn nhywyllwch nos gyda'r un mwyaf swnllyd y bûm ynddo erioed. Cerddoriaeth *reggae* o getoblastyrs ar bob cornel stryd. Digon o alcohol cartref a chyffuriau amheus, dybiwn i. Dawnsio, heb fedru symud, ac yna draenogi rhag ambell ffrwydriad o ymladd sydyn. Roeddwn wir ofn ac yn teimlo'n ffodus fod gennym dywysydd lleol profiadol i ofalu amdanom. Dathlu traddodiadol, cymunedol a thlodi gorfodol un ochr i'r clawdd; cyfoeth materol yn sgleinio y tu arall. Profiad ysgytwol i bensiynwr na fu'n 'partïo' ers dyddiau dawnsfeydd y Ffermwyr Ifanc a choleg Aber. Nid oeddwn yn allanolyn yn y tyrfaoedd hynny.

Meddwl am guro Beryl ar y cwrt tennis bore yfory – ffordd dda o ddechrau'r dydd yn ddiogel 'nôl yng nghysgod gwarchodol, os cosmetig, y gwesty. Y gwely a'i lieiniau gwyn yn llai cyfforddus, rywsut, wedi i ni ddychwel o'r ochr draw.

10-02-2015

Teithio i'r Beach Hotel yn Aberafan, lle mae'r WCVA yn cynnal cyfarfodydd preswyl aelodau'r Bwrdd a phrif swyddogion. Wedi bod yn mynychu'r cyfarfodydd yma ers imi gael fy ethol yn Gadeirydd (2000–2006) ac yna'n Is-Lywydd.

Arhosais yma hefyd gyda Marged y noson wlyb honno rai blynyddoedd yn ôl pan chwaraeodd Steffan yn y gôl i dîm dan 18 oed ysgolion Cymru am y tro cyntaf, yn stadiwm y GenQuip. Daeth ei frawd Owain a'i gariad Celine, Siwan ei chwaer a'n ffrindiau agos Parch. Alun Evans a'i wyr Jams Powys yno hefyd i'w gefnogi. Y reffarî, o glywed Steffan yn canu'r anthem ar ddechrau'r gêm, yn dweud wrtho 'Os na fydd dy bêl-droed di'n llwyddiannus, mae gen ti obaith perfformio yn y West End.' Proffwydoliaeth ddaeth yn wir rai blynyddoedd yn ddiweddarach!

Fyddai'r gemau rhyngwladol yma ddim yn digwydd oni bai am ddwsinau o wirfoddolwyr ar hyd a lled Cymru sy'n hyfforddi mewn ysgolion a chlybiau bach, yn sgowtio a darparu'r timau. Swyddogion fel Gareth Davies o Garno a Cledwyn Ashford o ardal Wrecsam, tra bod Ben Davies, y chwaraewr rhyngwladol, yn un o'r rhai oedd yn yr un tîm â Steffan.

Heno, mae'n noson o ddiolch a ffarwelio â Phrif

Weithredwr WCVA, Phil Jarrold. Bu Phil yn y swydd am flwyddyn yn dilyn ymddeoliad fy ffrind agos, Graham Benfield. Cyn hynny, bu am flynyddoedd yn ddirprwy ac yn bennaeth polisi uchel iawn ei barch ymhlith aelodau blaenllaw'r sector gwirfoddol ac arweinwyr cyrff cyhoeddus.

Rhannu bwrdd gyda'r Cadeirydd newydd, Peter Davies, Ruth Marks – fydd yn olynu Phil – a Gaynor Richards, Prif Weithredwraig Cyngor Gwirfoddol Castell-nedd Port Talbot. Mae Gaynor yn llysgennad Ewropeaidd i Lywodraeth Cymru. Hefyd, cael cwmni Margaret Jervis, cyn is-gadeirydd WCVA a sylfaenydd (gyda Richard ei gŵr) yr elusen hynod werthfawr ac arloesol Valleys Kids yn y Rhondda. Noson hwyliog ymhlith nifer o gyd-weithwyr, gyda nodyn o dristwch wrth ffarwelio â Phil. Dyma gyfnod o newid dwylo yn WCVA ond mae'r elusen yma, gyda'i haelodaeth o rai miloedd o fudiadau ac unigolion, yn holl bwysig i Gymru wrth roi arweiniad a chefnogaeth i fudiadau llai a cheisio dangos ymarfer da mewn rheoleiddio er mwyn cadw hyder y cyhoedd mewn gwaith gwirfoddol.

13-02-2015

Oen cyntaf y gwanwyn yn cyrraedd fel gwestai cynnar i barti. Llais gwanllyd mewn penbleth yng nghanol ciw *sales* o ddefaid beichiog. Wedi cyrraedd i'n hatgoffa, fel rhyw Ioan Fedyddiwr, fod angen i ni brysuro i baratoi.

Canslo cyfarfodydd. Sicrhau fod y tîm profiadol, sef Robert, Glyn, Sam, Steffan a Rhodri, yn barod i rannu shifftiau nos a dydd. Sicrhau fod gennym hefyd ddigon o wellt glân, bocsys wyna a chwpwrdd llawn nwyddau nyrsio. O, ie, a llyfr a beiro i gofnodi pob defnydd gwrthfiotig.

Ni fydd yr oen olaf swyddogol yn cyrraedd am ddau fis arall. Rywle'n y canol, pan fydd Mawrth yn rhuo gwynt a glaw a'r ŵyn yn ceisio cysgodi yn y cloddiau, bydd y bugeiliaid fel *zombies*. Diffyg cwsg, dwylo creithiog, brych ar lawr yn brawf o ymdrech deg i achub bywydau. Siomi o weld diffyg diddordeb at fagu ymhlith rhai defaid a rhyfeddu at ymrwymiad eraill i warchod pob un o'u hŵyn. Mae llwyddiant bugeilio yn dibynnu ar ymroddiad y tîm, cyflwr corfforol y defaid ac, yn bwysicach fyth, tywydd ffafriol.

Pan oeddwn yn ifanc, bugeilio caeau nid adeiladau a wnaem yng Nghwmnantyreira, a Mam yn arbenigwraig. Cerdded y llethrau cyn bod sôn am feic pedair olwyn. Wyna'n hwyrach yn y gwanwyn i fanteisio ar fwy o olau dydd a chynhesrwydd a thyfiant porfa. Ymladd i ddiogelu defaid ac ŵyn rhag brain a llwynogod fyddai'n loetran i bwrpas. Gwerthfawrogi'r cloddiau tyweirch oedd yn amdo dros waliau terfyn tyddynnod a ddiflannodd yn sgil yr ymfudo i'r trefi. Fe ŵyr y defaid werth y cysgod wrth wyna.

Heddiw, diolch fod gen i freichiau ifanc o'm cwmpas i rannu'r baich. Heno bydd teulu bach Caerdydd, Owain, Celine ac Aron, yn ymuno â ni am y penwythnos, a bydd Owain yn barod iawn i wneud shifft nos gan ei fod yn gysgwr gwael. Cyfle i Aron brofi byd gwahanol i feithrinfa'r Jiráff yn y brifddinas a gweld a theimlo anifeiliaid go iawn.

Mae mor bwysig chwalu'r clawdd o ddiffyg dealltwriaeth rhwng gwlad a thref, a diolch am bob ymdrech gan undebau'r ffermwyr ac athrawon ysgol i gynnal a hybu diwrnodau agored i'r cyhoedd. Bu fy ffrind, a chadeirydd Parc Cenedlaethol Eryri, Caerwyn Roberts, yn arloeswr yn hyn o beth ar ei ffarm, Merthyr, uwchben Harlech. Dyma storïwr a llysgennad a ŵyr yr angen i addysgu cwsmeriaid ac ymwelwyr fod amaethu tir ac anifail a gwarchod yr amgylchedd yn ddibynnol ar grefftwyr ymroddedig a dinasyddion deallus.

16-02-2015

Mae angen rhuban du oddeutu heddiw oherwydd dim ond un digwyddiad o bwys ddigwyddodd ar fy radar i, sef cyhoeddi marwolaeth Dr John Davies, Bwlch-llan. Roedd teyrngedau haeddiannol niferus iddo yn y cyfryngau fel un o'n haneswyr pwysicaf. Arbenigwr ar hanes Cymru a chanddo'r huotledd i drosglwyddo ei wybodaeth yn ffraeth a chofiadwy. Fedra i ddim anghofio'r rhaglen deledu ysgytwol ddiweddar oedd yn fath o bortread pry ar y wal ohono. (Gwyliais un arall effeithiol ar y meuryn a'r prifardd Gerallt.)

Dyma ddarnau cyfoethog o glawdd cenedl i'w trysori ond sydd yn gadael bylchau enfawr yn y Gymru y tyfais i ynddi.

Gobeithio y bydd newyddion gwell yn perthyn i fis Mawrth.

(Cyn diwedd y mis roedd Cymru wedi colli dau gawr arall o ben y clawdd sef Dr Merêd Evans a Dr John Rowlands, ac yna Dr Harri Pritchard Jones ddechrau Mawrth. Gobeithio fod yna newyddion gwell yn perthyn i'r misoedd i ddod.)

28-02-2015

Mae Gwyn Elfyn, tad Rhodri, fy mab-yng-nghyfraith, yn berson hynod iawn, o leiaf ar un ystyr! Cafodd ei eni ar y nawfed ar hugain, mewn blwyddyn naid. Felly, dwi ddim yn siŵr o'i oed. Beth bynnag, bu Caroline ac ef ym Mharis heddiw i ddathlu'i ben-blwydd trwy wylio Cymru'n curo Ffrainc yn y rygbi. Dan Biggar yn sgorio'i gais cyntaf dros Gymru.

Rhodri, ar ddyletswydd wyna, yn mynd â dafad at y milfeddyg, Camlas Vets, am lawdriniaeth, aflwyddiannus, gwaetha'r modd.

Llywodraeth y Glymblaid wedi cyhoeddi Cytundeb Dewi Sant i gynnig mwy o bwerau i'r Cynulliad Cenedlaethol. Gobeithio na fydd angen refferendwm arall i drosglwyddo pwerau trethu.

01-03-2015

Dydd Gŵyl Dewi eleni yn un arbennig i ni'n lleol. Dyddiad cyngerdd coffa Arwyn Evans, Tŷ Isa, gwirfoddolwr arbennig, yn y Ganolfan, Llanfair Caereinion. Tua 500 yn y gynulleidfa i gofio a mwynhau noson o ddiwylliant Cymraeg ar ei orau. Diolch i Sioned Lewis a llu o rai eraill am yr holl drefniadau i sicrhau codi arian i noddi Dydd Arwyn, sef dydd Mawrth yr Eisteddfod Genedlaethol, ym Meifod, sydd prin bum mis i ffwrdd!

Steffan yn gorffen ei ymweliad â Theatr Marlowe yng Nghaergaint efo cwmni *Shrek* ac yn gyrru adref yn y Suzuki, hen gerbyd ei ddiweddar daid. Cyrraedd adref tua un o'r gloch y bore a mynd yn syth i weld a oedd defaid angen cymorth wyna.

04-03-2015

Llywodraeth Cymru'n dathlu Gŵyl Dewi yn y Bibliothèque, Parc Leopold, Brwsel. Jane Hutt, Gweinidog Cyllid, yno i groesawu llawer o Gymry sy'n gweithio ym Mrwsel a chyd-weithwyr o wledydd eraill. Prifysgol Abertawe a'r Athro Iwan Davies â stondin yno, a Hybu Cig

Cymru, o dan arweiniad Dai Davies a Gwyn Howells, yn noddi. Does dim angen clawdd rhwng Cymru a gweddill Ewrop. Mae ein hiaith a'n hanes ynghlwm wrth y cyfandir. Rydym yn elwa'n ariannol o berthyn ond, yn bwysicach, mae gennym gymaint fel gwlad fach i'w gynnig o ran syniadau, o ran profiadau economaidd a chymdeithasol ac o ran strwythurau gwirfoddol.

Bu llawer o waith paratoi ar gyfer y noson gan swyddogion y Llywodraeth sy'n gweithio yn Swyddfa Cymru o dan arweiniad Robert Parry ac Andrew Aggett.

05-03-2015

Rhuthro o'm gwesty am wyth o'r gloch y bore i gyfarfod yn adeilad y Pwyllgor Economaidd a Chymdeithasol. Gormod o win neithiwr yn parhau i loetran yn fy mhen ond y cerdded brysiog yn clirio'r meddwl. Cwrdd tua 30 o fyfyrwyr o Brifysgol Caerdydd oedd ar ymweliad â'r sefydliadau Ewropeaidd. Esbonio fy ngwaith yma ym Mrwsel iddynt a diolch am eu diddordeb. Gobeithio y bydd rhai ohonynt yn manteisio ar gyfle i weithio ar lefel Ewropeaidd rhyw ddydd.

Hedfan yn ôl adref at yr wyna. Traed ar y ddaear!

21-03-2015

Mae'r mis yma eto'n carlamu. Defaid ac ŵyn ym mhob man, a'r cennin Pedr ddaeth i'r golwg bythefnos yn ôl yn llwydo yng nghloddiau'r wtra wrth i'r holl gerbydau diesel wibio heibio a chwydu mwg yn llawn nwyon carbon. Fe ddaw dydd pan fydd rhaid addasu'r tractorau i ddefnyddio trydan neu ddiesel bio ac ynni mwy cynaliadwy.

Cloddiau'r swyddfa yn gostwng dim. Rhy brysur i dalu biliau; rhy flinedig i ddidoli'r dyddiaduron. Popeth yn parhau i fod yn bwysig iawn. Henry'r hwfer bron â thagu.

Ddydd Sadwrn diwethaf llwyddodd Marged a minnau i ddianc am y diwrnod i Gaerdydd i weld Cymru'n curo Iwerddon yn Stadiwm y Mileniwm. Marged a'r plant wedi prynu dwy sedd ddebentur i mi yn yr eisteddle uwchben y llinell ganol, ger seddau'r gohebwyr. Fe'u cynigiwyd am bris gan ffrind sy'n gyd-aelod o'r Cyngor ym Mrwsel. Mae Peter Morgan yn Gymro o Ystalyfera, ac wedi bod yn un o brif swyddogion Sefydliad y Cyfarwyddwyr a chwmni IBM. Mae'n meddu ar ymennydd a gallu dadansoddi a chyflwyno'i safbwyntiau gyda'r gorau a welais ac a glywais i erioed ond, yn drist iawn, mae'n colli llawer o'i olwg.

Rwyf wrth fy modd yn ymweld â'r stadiwm, gan i mi fod yn gadeirydd cyntaf ar yr ymddiriedolaeth elusennol sy'n parhau i fod yn gysylltiedig â hi. Cefais y fraint o sefydlu'r ymddiriedolaeth yn y flwyddyn 2000, ar gais Comisiwn y Mileniwm, fel rhan o gytundeb i gyfrannu arian y loteri at adeiladu canolfan genedlaethol, amlbwrpas yng Nghaerdydd. Trwy gytundeb ag Undeb Rygbi Cymru a'r cadeirydd ar y pryd, Glanmor Griffiths, mae 25c o bob tocyn, neu 1 y cant o bob tocyn, pa un bynnag yw'r uchaf, yn mynd i'r elusen annibynnol, i'w ddosbarthu rhwng achosion da ledled Cymru. Bûm yn gadeirydd am wyth mlynedd, gan rannu dros dair miliwn o bunnoedd o arian ticedi mewn grantiau bach. Lluniais y cynllun grantiau cyntaf, Traws Cymru, i alluogi grwpiau o ieuenctid i ymweld ag ardaloedd dieithr o Gymru yn fuan ar ôl diwedd clwy'r traed a'r genau. Ni fyddwn wedi dymuno cael gwell tîm o gyd-ymddiriedolwyr a staff, a byddwn yn cwrdd yn achlysurol yn un o ystafelloedd lletygarwch y stadiwm.

Heno, yr unfed ar hugain, mae'n ben-blwydd arbennig ar Marged, a dyma ni wedi ffoi eto, y tro yma i westy

Trefeddian yn Aberdyfi am y noson. Cerdded i lawr i'r traeth dros y twyni tywod cyn swper ar noson annaturiol o braf i fis Mawrth. Yr haul yn machlud yn danllyd goch a'r traeth yn lân a gwag. Dyma ardal gyfarwydd i mi gan i mi fod yn ddisgybl hapus yn ysgol Tywyn gerllaw. I fab y mynydd, roedd y cloddiau tywod moel yn wahanol iawn i gloddiau gwyrdd fy nghynefin, ond yn guddfan addas i gariadon ysgol chwilfrydig.

O, ie! Pen-blwydd hapus, Mags, yn chwe deg oed, ifanc. Shh!

Rydym yn gariadon ers deugain mlynedd. Plethiad tyn ei wead rhyngom a hwnnw heb ei fylchu.

24-03-2015

Awyren Airbus A320 wedi syrthio i fynyddoedd yr Alpau ar ei thaith o Barcelona i Düsseldorf. Cant a hanner wedi marw gan gynnwys nifer o ddisgyblion ifanc. Amheuaeth gryf fod un o'r peilotiaid wedi cynllwynio'r cyfan, gan godi cwestiynau am effeithiolrwydd sgrinio pobl mewn swyddi mor gyfrifol.

Pob un ohonom sy'n hedfan yn rheolaidd yn poeni heddiw.

25-03-2015

Ond nid pawb sy'n poeni am hedfan. Siwan, fy merch, yn mynd â'i mam i ddathlu ei phen-blwydd ar y *zip wire* uwchlaw cloddiau llechi Bethesda. Syniad ardderchog i ddenu twristiaid, ond ddim i fi! Dwy feddyg a'u bywydau 'nghlwm wrth weiren gaws. Amau imi glywed y sgrechian o Ddolanog.

03-04-2015

Dydd Gwener y Groglith a phenwythnos y Pasg. Mewn byd a chyfnod lle mae trais, dienyddio a chrogi – diolch i'r cyfryngau gweledol a chymdeithasol – yn realiti dyddiol, mae cofio am symbolaeth croeshoelio merthyrol yn parhau'n werthfawr i mi. Yng nghapel Peniel, Bedw Gwynion, rydym yn parhau i gynnal dwy oedfa ar y dydd Gwener. Cyfle i fyfyrio'n ysbrydol y tu hwnt i orig y Sul. Cyfle i gyfuno cadw traddodiad capelyddol a chwmnïaeth Gristnogol leol â diolch fod credo uwchlaw'r materol yn fframio bywyd. Y Parch. H. John Hughes, Porthaethwy, cyn-ddarlithydd ac athro, yn ein harwain, a thros amser te yn sôn am ei ddiddordeb arall yn sefydlu canolfan Pili Palas.

Gorffen y penwythnos, bnawn Sul, gyda gwasanaeth yng nghanolfan gymunedol Pontrobert. Y neuadd bron yn llawn, gan brofi llwyddiant adleoli o'r capeli bychain a chyd-addoli fel cymdogaeth. Edward Morus Jones yn arwain yn gynnes a didwyll ac yn ychwanegu at restr arbennig, bellach, o Gymry amlwg a dderbyniodd y gwahoddiad. Ymhlith y gynulleidfa roedd Elwyn a Nest Davies, dau o hoelion wyth ein cymdeithas Gymraeg ym Maldwyn. Y ddau mewn oed mawr ac wedi mynnu dod efo'u merch, yr Athro Sioned Davies, er fod Elwyn wedi cwympo'r diwrnod cynt ac yn wincio, a'i lygaid fel enfys. Mor hawdd fyddai iddo ymesgusodi.

04-04-2015

Noson blasu gwin ym Mhlascoch. Marged wedi talu i werthwr gwybodus ddod atom i esbonio cefndir a phrofi gwahanol winoedd, fel pe baen ni'n rhyw arbenigwyr. Cwsmeriaid hawdd, dybiwn i.

Prif bwrpas y noson oedd defnyddio'r gwin fel esgus ac abwyd i ddenu ffrindiau oedd newydd ymddeol fel athrawon yn ysgol gynradd Caereinion. Cyfle i Marged, fel cyn-gadeirydd y llywodraethwyr, ddiolch iddynt am oes o wasanaeth i'r ardal. Yn sipian y gwin roedd Rona Evans, y gyn-brifathrawes, Olwen Roberts, Sian Davies a Mair White gyda dau ŵr amyneddgar, Geraint a Gareth. Y dynion arbrofodd fwyaf gyda'r gwin, gyda Sian yn ail agos!

07-04-2015

Tua 120 o'r 1,500 ar ôl i wyna. Y cyfan mewn un adeilad. Eto, mae'n ddigon posib colli oen yn swta pan fo'r diwedd o fewn golwg. Teimlo mor rhwystredig a diawlio rhwng dannedd am aros yn rhy hir i sipian coffi yn y tŷ. Ildio gôl yn yr amser ychwanegol.

Mae'n hawdd canmol a dethol newyddion da i fwydo dyddiadur – gwyngalchu'r ofnau a'r problemau – ond roedd heddiw'n ddiwrnod piblyd. Colli'r oen, gwynt a glaw'n hyrddio'n ddi-ben-draw, twll yn olwyn y tractor, pibell ddŵr yn gollwng a'r gwaith nerfus o brofi buches gyfan am arwyddion y diciâu. Y bechgyn gyda'r milfeddyg yn cynnal y profion. Gwaith peryglus ond angenrheidiol i bawb, ac fe gofiaf am Adrian Owen, mab i ffrindiau, Ruth a Terry, gollodd ei fywyd wrth iddo archwilio'i wartheg. Hyn, heb anghofio am y perygl i'r buchod sy'n drwm gyflo. Mae angen gofal ac adeiladau pwrpasol. Rydym yn ffodus iawn ein bod yn rhydd o'r haint, ar hyn o bryd, ond mae'r ofn i un adweithio fel cleddyf uwch ein pennau. Mae'r straen yn amlwg ar wynebau llawer o ffermwyr ac wedi gorfodi sawl un i roi'r gorau i ffarmio gwartheg. Does dim golwg o ddiwedd ar yr haint; dim ffrynt effeithiol i rwystro'r lledaenu. Dyw haint sy'n gwasgaru drwy fyd natur ddim yn cydnabod cloddiau.

Rhaid aros pedwar diwrnod am ganlyniadau'r profi ac aildywys yr anifeiliaid drwy'r un broses. Byddaf wedi poeni llawer cyn hynny.

12-04-2015

Merch ifanc, Phoebe Orbell, yma o Gaerdydd am y penwythnos i gael profiad gwaith. Bu efo Fflur, ein milfeddyg, ddoe ac mae'n braf gweld brwdfrydedd ac ymrwymiad person sydd heb gefndir amaethyddol i fentro dros y clawdd rhwng tref a gwlad i ddysgu am ein diwydiant a'n hanifeiliaid. Syrthiodd mewn cariad ag un oen swci herciog ac anabl iawn a bu'n ei ymgeleddu, ei fwydo a rhoi *physio* iddo bron bob awr o olau dydd. Bedyddiwyd yr un bach ganddi'n 'Phylip' ac ar ôl iddi ddychwelyd i Gaerdydd daeth sawl ebost yn gofyn am ei iechyd. Nid hawdd oedd cyfleu'r newyddion drwg iddi, rhyw dair wythnos yn ddiweddarach, nad oedd Phylip wedi goroesi. Fe'm hatgoffwyd gan Phoebe fod gwerth, heblaw 'pound per kilo', i bob un o'r anifeiliaid, a bod angen rhoi amser ychwanegol i ofalu am y gwannaf, beth bynnag fo'r canlyniad.

13-04-2015

Dameg y ddafad golledig – fersiwn ddiweddar
(Stori wir a ddarllenwyd gan Owain ym mhriodas Siwan, fy merch)

Bore braf o wanwyn – ystrydebol braidd. Bugeilio'n hamddenol, rai oriau ar ôl 'dawn patrol' Taid – y bugail go iawn.

Mot a fi ar y beic pedair olwyn yn y weirglodd-dan-tŷ. Un, dau, tri, pedwar, pump, chwech o ŵyn cyfrwys Glynpistyll yn tresmasu; pori'n hamddenol, fodlon yn yr adladd. Chwech o anturiaethwyr gwlanog wedi cyrraedd gwlad yn 'llifeirio o laeth a mêl'. Wel, cae o rygwellt a meillion blasus, beth bynnag!

Penderfynu anfon Mot, y plismon pawennog, hanner dall, i'w hebrwng adref 'nôl i Lynpistyll ar unwaith. Meeedde'r oen cyntaf:

'OK, fair chop!'

Ŵyn euog – un, dau, tri, pedwar a phump – yn gweithredu'r 'exit strategy' a'i heglu hi lawr y cae fel Steve McQueen ar ei feic gynt o Colditz, drwy'r twll cynnil dan y ffens. Ymlaen wedyn ar eu boliau o'r clawdd serth, y drain a'r mieri (Tir Gofal) cyn plymio i'r nant. Yna naid froliog 'nôl i loches porfa ddiflas ond cyfarwydd Glynpistyll.

Un, dau, tri, pedwar, pump ...

Oen rhif chwech, druan, yn gysglyd braidd ac yn araf i weld Mot yn rotweilio'i ddannedd. Oen rhif chwech efo tag electronig ond heb ei 'sat nav', yn methu ffeindio'r bwlch dihangol.

Panig, chwitho, help! Mot a fi yn nesu. Trio eto, gwthio'i ben yn erbyn y gwifrau ond dim lwc.

'Mee, mee!' Iaith oen am 'Get me out of here!'

Ŵyn rhif un, dau, tri a phedwar bellach yn pori'n ddihid yn hafan Glynpistyll. Ond oen rhif pump, arwr y stori, yn petruso. Clywed y brefu-ymbil a throi'n ôl.

'Paid â chynhyrfu, mae un o'r cafalri'n dod!'

I mewn i'r nant â fo, heibio llwynog oedd wedi meddwl cael cinio cebab, i fyny'r clawdd serth, drwy'r mieri a'r drain, ac er fod Mot a fi yn aros yn fygythiol, dyma fo'n ôl drwy'r twll a sefyll yn stowt ac amddiffynnol efo oen rhif chwech. Brawdgarwch!

'Meeeee, *calm down dear*.'

Yna arwain oen rhif chwech drwy'r twll, drwy'r drain a'r mieri, i lawr y clawdd ar eu boliau, heibio'r llwynog mewn penbleth, drwy'r nant yn saff i ddiogelwch Glynpistyll. Hwrê, diweddglo hapus. Stori am ddewrder neu ryfeddod naturiol? Dameg am gariad, hefyd.

14-04-2015

Gwerthu ugain o fustych ifanc oddeutu blwydd oed ym marchnad y Trallwng. Cyfartaledd pwysau yn 416 cilo a'r pris yn £978 yr un. Digon hapus, ac yn ddiolchgar i'r bechgyn am eu bwydo a'u paratoi'n ofalus. Daw dwysfwyd y gwarteg trwy gwmni H. J. Lea Oakes a'u hasiant, Phil Rowson.

Y sylw'n troi oddi wrth wyna at docio cynffonnau a marcio clustiau. Rwy'n parhau i farcio clust er ei bod, bellach, yn orfodol rhoi tag electronig yn y glust hefyd. Rob wedi aredig y Comins, Glyn wedi ei galchio a'r cae'n barod i'w hau gyda barlys gwanwyn fel rhan o'n cynllun Glastir. Rwyf wedi cefnogi'r cynlluniau amaeth-amgylcheddol ers dechrau'r nawdegau, pan oeddwn yn rhannol gyfrifol am ysgrifennu'r bennod ar y pwnc yn adroddiad Edwards ar y Parciau Cenedlaethol. Cefais y fraint, yn ddiweddarach, tra oeddwn yn aelod o'r Cyngor Cefn Gwlad, i awgrymu enw ar y cynllun a ddilynodd Tir Cymen, sef Tir Gofal. Awgrymais y gair 'gofal', a ddewiswyd gan Ron Davies, yr Ysgrifennydd Gwladol ar y pryd, oherwydd fy mharch mawr at waith cymdeithas elusennol y Gofalwyr a 'Crossroads'. Roedd y ddwy wedi derbyn arian loteri gennyf i hyrwyddo'u gwaith. Meddyliais y dylai cynllun i ofalu am yr amgylchedd ymgyrraedd at yr un safon.

Nid yw'n hawdd mesur llwyddiant cynlluniau amaeth-amgylcheddol yn y tymor byr. Fe gymer flynyddoedd a degawdau i gyfoethogi bioamrywiaeth ac atgyfnerthu rhywogaethau prin. Ond mae prosiectau i ailgodi cloddiau cerrig a phlygu a phlannu gwrychoedd yn cryfhau cynefinoedd ac yn sicrhau ein tirluniau diwylliannol traddodiadol. Dyma, hefyd, batrymau mewn tirlun sy'n elfen bwysig i ddenu ymwelwyr o bob cwr o'r byd.

16-04-2015

Malcolm Evans yma. Dwi wedi bod yn damnio'r cyfrifiadur druan eto. Malcolm ydi fy atgyweiriwr cyfrifiadurol swyddogol! Dwi'n gwbl ddibynnol arno i ddod o rywle ar frys bob tro y bydda i wedi gwasgu'r botwm anghywir ar ôl baglu yn y clawdd gwifrau. Bûm yn lwcus iawn i gael gwersi cyfrifiadurol gan Nick Fenwick cyn iddo fynd yn Swyddog Polisi at Undeb Amaethwyr Cymru. Oni bai i mi ddysgu'r pethau elfennol, ganol y nawdegau, ni fyddwn wedi gallu parhau â'm gwaith cyhoeddus. Os na fedrwch dderbyn, darllen ac ateb ebyst o fewn munudau, does dim lle i chi yn y drefn newydd. Wrth gwrs, heb y swyddi, byddai'r clawdd dyddiaduron a phapurau pwyllgor yn llawer is.

Person arall sy'n holl bwysig yn fy mywyd ydi Maureen Lewis, Meifod. Hi sydd wedi plismona'r ychydig wallt sydd gen i, wrth iddo araf deneuo a diflannu. Wnaiff neb arall y tro ac rydw i'n freintiedig iawn o gael mynd i'w chartref ar gyfer y llawdriniaeth artistig. Dychwelyd adref heno wedi mwynhau clywed am orchestion ei gŵr, John, yn ennill pencampwriaethau aredig, a theimlo bum mlynedd yn iau, heb olion unrhyw gŵys ar fy mhen.

01-05-2015

Annwyl ddarllenydd,
Diolch am aros gyda mi cyhyd. Mae'r ddau lew tew yn gyndyn iawn i ostwng eu cloddiau. Cymysgedd o falchder a styfnigrwydd. Ofn ildio unrhyw stori neu anfoneb rhag gostwng yn gynt na'r llall. Mae cystadleuaeth yn rheoli cymaint o'n bywydau. Rydym yn byw, hefyd, yn oes y talfyriad. Pawb pwysig yn darllen dim, heblaw am y prif gasgliadau. Gwylwyr yn gwylio'r uchafbwyntiau, pregethwr yn colli'i gynulleidfa ar ôl deng munud, trasiedi yn ennyn cydymdeimlad cyfryngol am ddiwrnod. Felly diolch am aros i'm helpu i ostwng y cloddiau cofio a rheoleiddio.

Edrych dros eu pennau, bore 'ma, i dreulio'n boenus frecwast o hanes a lluniau o effaith y daeargryn yn Nepal, sydd eisoes wedi lladd dros saith mil o drigolion. Mae hyn tu hwnt i fy amgyffred, ymhell tu draw fy nghloddiau cysgodol. Unwaith eto, bydd gwirfoddolwyr yn mentro allan i gloddio mewn cloddiau o fwd nad oedd ar fap ddoe. Chwilio, bwydo a chysuro. Ond pwy fydd yn cofio ymhen mis?

05-05-2015

Wedi hedfan o Gatwick i Budapest neithiwr, i annerch cynhadledd bore 'ma ar ddyfodol ynni cynaliadwy. Trefnwyd y gynhadledd gan ICLEI, cymdeithas o fil a mwy o ddinasoedd sydd wedi ymrwymo i ddatblygu a defnyddio ynni cynaliadwy. Dwi ddim yn arbenigwr, er fod gen i gant o baneli solar ar adeiladau'r ffarm. Yma yn lle fy ffrind Lutz

Ribbe o'r Almaen, sydd yn arbenigwr ac yn frwd dros ymdrech mentrau cymunedol i ddatblygu a pherchnogi ynni cynaliadwy. Mae'r Almaen ar flaen y gad yn hyn, a bu Lutz a gweithgor o wledydd Ewrop yng Nghymru flwyddyn yn ôl i edrych ar ein gwaith yma, lle mae gennym lawer o adnoddau naturiol addas. Gwelsom enghreifftiau da ym Mhenlle'r-gaer, ger Abertawe, ac yn Nhal-y-bont ar Wysg. Trefnais yr ymweliad, gan gynnwys gwibdaith o amgylch y Senedd gyda David Melding, a chawsom bob cefnogaeth gan David Eccles o staff Llywodraeth Cymru.

Annerch heddiw ar sail ei adroddiad, gan gynnwys cyfeiriadau at ymarfer da o Gymru, cyn dechrau ar y daith hir 'nôl i ganolbarth Cymru, heb weld fawr ddim o ddinas hardd a hynafol Budapest.

08-05-2015

Aros yn effro drwy'r nos i wylio canlyniadau'r etholiad cyffredinol. Pan oeddwn yn aelod o Awdurdod S4C, flynyddoedd yn ôl, cefais y fraint a'r pleser o wylio'r canlyniadau yn swyddfa John Parry, llywodraethwr Cymru y BBC, yng Nghaerdydd. Gwylio'r dyfalu a'r cyhoeddiadau wrth iddynt gyrraedd y BBC. Gweld y peiriant darlledu'n ymateb mor gyflym i bob datblygiad. Mae'n siŵr fod y cyfan yn llawer cyflymach ac ehangach erbyn hyn. Cymysgedd o ddathlu a siom, dagrau o lawenydd a thristwch bob yn ail eiliad. David Cameron a Nicola Sturgeon sy'n gwenu fwyaf, Nick Clegg ac Ed Miliband yn paratoi anerchiadau ymddiswyddo. Glyn Davies yn cadw'i sedd ym Maldwyn.

10-05-2015

Mae'r ymgyrch i ariannu Eisteddfod Genedlaethol Maldwyn a'r Gororau yn dwysáu. Arweinwyr ardal Llanidloes wedi gofyn i Philip Griffiths, gynt o Gaersŵs, sydd wedi treulio llawer o'i oes yn *Phantom of the Opera*, drefnu noson yn y ganolfan gymunedol. Ymuno efo Marged yn y gynulleidfa i wrando ar Philip a'i ferch, Sian, Elen Rhys a'i merch, Nansi, yr adroddwraig Valmai Pugh, Sioned Bowen a'i thelyn, côr lleisiau Hafren a'n mab Steffan, a hedfanodd i lawr o'i sioe *Shrek* yn Glasgow. Seren y sioe i mi oedd Gareth Jenkins gynt o Gilhaul, Trefeglwys. Mae Gareth newydd ymddeol fel deintydd yn Amwythig ac yn datblygu'i ddawn fel consuriwr a digrifwr. Mae angen amrywiaeth mewn noson o'r fath ac roedd ei gyfraniad clyfar a'i hiwmor cynnil yn donic o hwyl iach.

21-05-2015

Ddechrau'r flwyddyn cefais fy newis gan y Pwyllgor Economaidd a Chymdeithasol i baratoi adroddiad ar y Cynllun Datblygu Gwledig Ewropeaidd 2014-2020. Rwyf wedi ymchwilio a darllen llawer ac eisoes wedi cynnal un gwrandawiad ymhlith cynrychiolwyr mudiadau gwledig Ewropeaidd ym Mrwsel. Bellach mae fy nrafft cyntaf yn barod.

Pwrpas yr adroddiad yw edrych ar y broses o gynllunio a chymeradwyo cynlluniau tua 108 o wledydd a rhanbarthau Ewropeaidd i ddefnyddio bron i 100 biliwn ewro o arian dros y cyfnod 2014-2020. Arian ydyw sydd i ddenu arian cyfatebol gan lywodraethau a busnesau amaethyddol a gwledig a mentrau cymdeithasol er mwyn ceisio cryfhau'r economi a'r amgylchedd gwledig yn ogystal â diogelu cyfiawnder cymdeithasol. Mae'r dasg o ddrafftio'n anodd o fewn yr amserlen oherwydd bod nifer o wledydd a rhanbarthau yn araf o ran cwblhau eu rhaglenni ac yn hwyr yn cael sêl bendith y Comisiwn Ewropeaidd. Felly bydd raid i'r adroddiad fod yn un amodol ac amherffaith. Dyma'r tro cyntaf i'r Comisiwn Ewropeaidd rannu'r penderfyniadau gyda Senedd Ewrop yn unol â Chytundeb Lisbon. Mae hyn i fod i gryfhau democratiaeth ac atebolrwydd yr Undeb Ewropeaidd ond mae'n sicr hefyd o arwain at fwy o drafod a bargeinio ac arafu'r broses.

I gynllunio fy adroddiad mae gen i weithgor o naw aelod o wahanol wledydd, a chadeirydd i lywio'r cyfarfodydd. Fedrwn i ddim gobeithio am well cadeirydd. Mae Adalbert Kienle yn ŵr hoffus, bonheddig ac wedi bod yn aelod o'r Pwyllgor Ewropeaidd ers dros bum mlynedd ar hugain. Mae'n gyn brif weithredwr undeb ffermwyr mwyaf yr Almaen. Rwy'n cydysgrifennu'r adroddiad â Joana Agudo o Gatalonia, aelod o grŵp undebau llafur y Pwyllgor. Gobeithio y cawn gyflwyno'r adroddiad terfynol yn y Gymraeg a'r Gatalaneg. Mae gen i, hefyd, arbenigwraig, Anne Flour, Ffrances sy'n byw ym Mrwsel, sydd wedi gweithio ar gynllun datblygu gwledig blaenorol yn Ffrainc. Bydd ei sgiliau ieithyddol, ymhlith sgiliau dadansoddi eraill, o fantais fawr wrth imi ddelio â gwelliannau tebygol mewn cyfarfodydd i ddod.

Bûm innau'n aelod o weithgor, o dan gadeiryddiaeth Peter Davies, cyn Gomisiynydd Newid Hinsawdd, fu'n cynghori ar baratoi cynllun Cymru. Mae'n gynllun sydd, bellach, wedi ei gymeradwyo, er fod y penderfyniadau terfynol yn dibynnu ar gyhoeddiadau'r Canghellor ar gyllid Llywodraeth Cymru, a ddaw ymhen rhai misoedd.

Dwi'n cael pob cefnogaeth hefyd gan staff ein hadran

amaeth a gwledig ym Mrwsel – Eric Ponthieu, Conrad, Arturo, Maarit a Tiina – yn ogystal â Stephen, Lowri a Glenda o Lywodraeth Cymru. Hefyd, Nick Fenwick o Undeb Amaethwyr Cymru, Rachel Davies o Undeb Cenedlaethol yr Amaethwyr ac Oana Neagu o fudiad Ewropeaidd y ffermwyr, COPA. Mae llawer o gefnogaeth, ond mae'r cyfrifoldeb am yr adroddiad yn sgwâr ar fy ysgwyddau i. Gosodais sialens i mi fy hun i weld a oedd y gallu gen i i ymchwilio, asesu, crynhoi ac ysgrifennu astudiaeth fyddai o werth ymhlith arbenigwyr. Amser a ddengys ac mae'r cloc yn tician!

Mae clawdd y swyddfa, bellach, wedi chwyddo'n agosach i'r to, dan bwysau dogfennau cynlluniau datblygu gwledig nifer o ranbarthau, gyda mwy i ddod. Beichiogi ac yna bydd raid imi esgor-ddidoli fy argymhellion ar ffurf adroddiad ac ynddo ddim mwy na 22,000 o eiriau!

Heddiw mae'r gweithgor a minnau'n cynnal gwrandawiad ym Mhrifysgol Bangor. Fel awdur yr adroddiad, caf ddewis ymhle i gynnal gwrandawiadau tu allan i Frwsel. Roedd yn naturiol imi ddewis Cymru, ac yna daeth gwahoddiad, hefyd, i fynd i'r Ffindir fis Mehefin.

Dewisais Fangor oherwydd imi fynd â gweithgor ar ynni cynaliadwy i Gaerdydd a de Cymru y llynedd. Roedd anogaeth Jerry Hunter, Dirprwy Is-Ganghellor Bangor, yn cynnig y Brifysgol fel lle i aros a chynnal trafodaethau yn fanteisiol iawn a chefais bob cefnogaeth ganddo ef a'i staff. Mae gan y Brifysgol record hir o arbenigo mewn astudiaethau gwledig, gan gynnwys coedwigaeth. Rwy'n awyddus i weld mwy o gefnogaeth gan ganolfannau academaidd i gynorthwyo busnesau gwledig, nid yn unig yn eu hardaloedd lleol ond hefyd trwy efeillio â chanolfannau mewn ardaloedd difreintiedig eraill ar draws Ewrop. Mae 'na arian ar gael i gefnogi ceisiadau ac ymdrechion tebyg.

Cyrhaeddodd aelodau'r gweithgor neithiwr, naill ai trwy hedfan i Fanceinion, neu ddal yr Eurostar i Lundain, a threnau i Fangor. Roedd Llywodraeth Cymru wedi sicrhau cyfieithwyr er mwyn imi allu cynnal y gwrandawiadau yn Gymraeg.

Cyfarfod y bore'n cynnwys cyflwyniadau gan swyddogion adrannau gwledig Lloegr (John Place), Cymru (Stephen Jackson), Gogledd Iwerddon (Lorraine Lynas) a Gweriniaeth yr Iwerddon (Tom Corkey). Yn anffodus, methodd cynrychiolydd yr Alban gyrraedd oherwydd galwad gan ei Weinidog yn y Llywodraeth. Cawsom gyfle i holi a chymharu a gweld fod mesurau i ddatblygu busnesau gwledig, hyfforddiant a mesurau amaeth-amgylcheddol yn uchel ar bob un rhestr.

Tro rhanddeiliaid Cymru oedd hi yn y prynhawn. Braf oedd clywed cymaint o'r siaradwyr yn mynegi eu hunain yn gyfforddus yn y Gymraeg, gyda fy nghyd-aelodau o'r Almaen, Portiwgal, Sbaen, Croatia a Gwlad Belg yn gwerthfawrogi. Clywsom am lwyddiant Cyswllt Ffermio, datblygu sgiliau trwy Lantra, gwaith amgylcheddol ym Mharc Cenedlaethol Eryri, cefnogaeth awdurdodau lleol, pwysigrwydd cynllun LEADER, a rhwydweithio i ddysgu ymarfer da. Hefyd, pwysigrwydd datblygu pentrefi (un o gynlluniau'r Loteri Fawr), mentrau cymunedol, buddsoddiadau philanthropic, cynllun trosglwyddo ffermydd rhwng cenedlaethau, a chyfleoedd i ddatblygu ynni cynaliadwy lleol.

Pawb yn pwysleisio fod angen i'r Llywodraeth barhau i ymgynghori a chydweithio mewn partneriaeth, a bod angen i'r Pwyllgor Monitro fod yn agored wrth asesu llwyddiant a methiannau dros dymor chwe blynedd y rhaglen. Heb hyn i gyd, bydd diboblogi ymhlith yr ifanc a thlodi gwledig yn parhau. Fydd yr un clawdd meddal yn gwrthsefyll momentwm y dinasoedd i lyncu mwy o dir ac adnoddau economaidd a dynol.

Fy nghyd-aelodau'n gwerthfawrogi'r dystiolaeth ac yn synhwyro fod llawer o ymarfer da'n digwydd yma yng Nghymru sydd o werth i'w rannu ledled Ewrop.

Gyda'r nos cawsom daith fer ar fws i gyfeiriad Llanberis ac i lawr i Gaernarfon, cerdded heibio'r castell a chael swper yn y Galeri, sydd ei hun wedi elwa o arian Ewropeaidd. Gorffen y noson yng nghwmni dau o'm ffrindiau, Sioned Webb ac Arfon Gwilym, a roddodd flas safonol a chynnes ar ganu cerdd dant i'r ymwelwyr.

22-05-2015

Bore ola'r ymweliad. Edrych ar syniadau arallgyfeirio ar ddwy ffarm ar Ynys Môn. Dechrau ar ffarm Ty'n Buarth, Dothan, lle roedd Bryn a Rhian Jones wedi darparu *yurts* fel pebyll gwyliau (Gwyliau Iwrt Môn). Yna draw i ffarm Richard Rogers, Bodriga, a gafodd gyngor gan ADAS trwy Cyswllt Ffermio i werthu llaeth ac ymuno â chynllun Glastir ac sydd yn un o ffermydd arddangos ymarfer da Cymru.

Trefnwyd yr ymweliadau trwy gymorth Gerallt Llewelyn Jones, Prif Weithredwr Menter Môn ac arbenigwr huawdl ar ddatblygu gwledig. Pwysleisiwyd gwerth cynghorwyr ymarferol i gefnogi mentergarwch.

Gorffen y daith yn Halen Môn, busnes cynaliadwy sydd wedi cael cefnogaeth arian Ewropeaidd ond sy'n dibynnu hefyd ar weledigaeth a dyfalbarhad perchnogion busnes. Mae'n cyflogi ugain o staff. Fel ym mhobman yng Nghymru, cawsom baned a chacen a chroeso mawr yn y tri lle. Diolch yn fawr i swyddogion y Llywodraeth am y trefniadau ac i David Hughes, Pennaeth Swyddfa'r Comisiwn Ewropeaidd, am ei gefnogaeth barod.

Dychwelyd adre'n flinedig hapus, gyda haen ffrwythlon o wybodaeth i'w hystyried o ben clawdd fy swyddfa.

24-05-2015

Ein buches yn prysur loio a hynny'n weddol lwyddiannus. Braf eu bod yn geni lloi bach allan yn y caeau ger y tŷ gyda digon o oriau hir o oleuni i'w gweld yn aml. Nifer y lloi byw wedi cynyddu ers inni ddewis buchod Saler a theirw Limousin; llai o waith ymyrryd yn y broses. Y bechgyn wedi gorffen tocio defaid a marcio ŵyn.

Ella, merch hwyliog cyfnither Marged, Ursula, yma'n cael gwers lefaru gan Marged ar gyfer Eisteddfod yr Urdd ddydd Mawrth. Dyma'r tro cyntaf iddi ennill yn y Sir ac mae'n brawf o ddyfalbarhad merch i fod yn rhugl ddwyieithog ac o safon uchel addysg Ysgol Pennant.

Mynychu cyfarfod gofalaeth yng Nghapel Coffa Ann Griffiths a chlywed Mrs Jane Owen yn gweddïo'n bwrpasol. Bydd yn golled i gymuned Dolanog pan fydd hi ac Emyr, ei gŵr, yn symud i Groesoswallt.

Steffan a'i gariad, Rosie, yn Wembley i gefnogi tîm pêl-droed lleol Rosie, Preston, yn curo Swindon 4-0 ac ennill dyrchafiad i'r Bencampwriaeth.

Ffermydd cyfagos Cefn Llwyd a Thyn Rhos yn paratoi i gynaeafu silwair. Does dim diwedd i'r cylch amaethyddol a rhaid manteisio ar yr ysbeidiau o dywydd ffafriol.

29-05-2015

Awel Jones (Francis gynt) o Lanbryn-mair wedi colli ei brwydr hir a dewr yn erbyn cancr. Rhoddodd flynyddoedd o wasanaeth fel organyddes yn yr Hen Gapel, Llanbryn-mair a bu hi a'i gŵr, Dei, yn wirfoddolwyr parod mewn eisteddfodau lleol a chenedlaethol. Roedd bob amser yn gefnogol i'n plant mewn rhagbrofion, lle mae nerfau cystadleuwyr a rhieni'n curo cledrau calonnau, fel yr Arriva'n gwibio heibio i Lanbryn-mair, heb weld y golau coch a cholled cymuned.

Dwi wedi teithio i lawr i Lancaiach Fawr ger Caerffili i lansio gwobr ychwanegol yn Eisteddfod yr Urdd. Cyhoeddi y bydd cyfle i enillwyr y ddwy gystadleuaeth siarad cyhoeddus dros y tair blynedd nesaf gael teithio efo mi i Frwsel fis Gorffennaf. Cyfle iddynt wrando ar areithiau mewn ieithoedd gwahanol ac ymweld â swyddfa Llywodraeth Cymru a Senedd Ewrop. Richard Morris Jones sy'n beirniadu eleni, a fo fydd yn penderfynu pwy gaiff eu dewis. Bûm yn gwrando ar y gystadleuaeth, oedd o safon uchel iawn.

Cofio wrth deithio adref ei bod hi'n union ddeugain mlynedd ers imi gael fy nghoroni yn Llanelli, cyn gorfod ildio'r Goron ar ôl sylwi fy mod dair wythnos yn rhy hen. Embaras mawr.

30-05-2015

Gwylio'r Eisteddfod o gartref. Rhodri Prys o Lanfyllin yn ennill yr unawd. Rhodri'n gyn-aelod o Ysgol Theatr Maldwyn a'i dad a'i fam yn gantorion, fel pâr o eosiaid. Côr bach Penllys, o dan arweiniad ffyddlon Heulwen Davies, yn cael llwyfan a'r llanc sy'n groesiad rhwng Ronaldo ac Usain Bolt ac a ddylai fod yn llyfr record Guinness, sef Steffan Rhys Hughes, yn ennill eto – dair gwaith. Yna bu'n arwain aelwyd y Waun Ddyfal i lwyddiant fin nos. Gwych!

O ie, Arsenal yn ennill Cwpan FA drwy guro Aston Villa 4–0, ddylai blesio un cefnogwr yn tŷ ni.

01-06-2015

Man gwyn man draw

Un diwrnod o rybudd ges i. Ffrind o'r pentre'n tecstio: "Den ni'n mynd bore fory efo Ryanair, o Warsaw i Loegr. Glanio yn Lerpwl. Cofia dy basbort, un bag o ddillad a dy fobeil. Mae'r papurau contract gen i.' Minnau'n ffarwelio â'r teulu i ddechrau bywyd newydd a gwaith gwerth-pres.

'Go west, young man!' Ddywedodd neb fod Lloegr yn cynnwys Cymru, a bod 'na iaith wahanol yno. Chlywes i ddim am Glawdd Offa. Cyrraedd y 'Canolbarth' ar y trên ar ôl aros am ddwy awr yn Amwythig. Gwell gwasanaeth trên yng Ngwlad Pwyl! Tachwedd o niwl yn cuddio'r cartref newydd, ond gweld digon i ddeall mai carafán-oed-pensiwn, tu ôl i amddiffynfa o hen deiars, oedd yr ychydig loches. Potel nwy bron yn wag tu allan, a chardfwrdd dros un o'r ffenestri. Cyflog ymhen mis a beic i gyrraedd y pentre, sy'n cael ei sillafu efo dwy 'l', ar bnawn Sadwrn i siopa. Tap dŵr anwydog ger y domen, a *generator* swnllyd i oleuo'r sinc a'r gwely crog. Mae hwn yn fywyd gwell? Mam bach!

Hel tatws o fore rhewllyd tan nos am dri mis mewn ffosydd o fwd. Cwcio sglodion wast i swper a chysgu heb nabod neb. Hiraethu ac anfon y rhan fwyaf o'r cyflog adref gan adael digon i gael poen pen dryslyd fore Sul unwaith y mis.

Yna'r man draw yn gwynnu. Cwrdd Eirwen tu ôl i'r bar yn y Goat (*Kocham cie* ar yr olwg gyntaf!). Cymraes gynnes, groesawgar. Merch ffarm (ie, ie!). Gadael y tatws a dechrau godro i'w thad. Gadael y garafán am sgubor wedi'i thrawsnewid. Dechrau dysgu Cymraeg (*Walijski!*). Rhyfeddu at y Cymry-cefen-gwled yma. Rhyw leiafrif o fewn lleiafrif, yn rhy stwbwrn i ildio iaith a thir. Ffarmio caeau llawn cloddiau oedd mor dlawd a brwynog. Digon o dir gwell yng Ngwlad Pwyl a neb mo'i eisiau, heblaw y Rwsiaid tu draw i'r clawdd go iawn. Bugeiliaid Cawasaci'n cadw defaid fel sardîns ac yn siopa mewn welingtons. Merched mawr mewn crysau Reebok yn steddfota, canu un diwn a'r delyn (ffrâm o bren efo weiars) yn gwichian un arall. Cogie ifanc yn cwrdd mewn cut lloi ac yn gwisgo fel merched ar steroids. Diolch byth am deledu lloeren yn y sgubor i wylio *Home and Away*, ac am Eirwen, wrth gwrs.

Helynt neithiwr – *game changer*. Wedi bod yn siopa'n gartrefol yn Sklep Polska yn y Trallwng a galw am beint yn y Black. Pryfociwr meddw eisiau i fi fynd 'nôl i'm gwlad fy hun:

'You bloody immigrant, go back beyond!'

Wyddai o ddim i mi fod yn y fyddin cyn gadael. Efo un llygad goch a'r llall ar gau, mae'n gweld rŵan!

Hanner fy nghyflog misol bellach ym mhoced y llys. Roeddwn i'n meddwl fod pawb o fewn yr Undeb Ewropeaidd yn ddinasyddion cyfartal, heb gloddiau gwladwriaethol a ffiniau cyntefig. Dyna be ddywedodd fy ffrind a'r asiant-addo-popeth. Roedd rhaid i rywun godi'r tatws.

Heddiw, penderfynu troi 'nôl am adref. Hedfan bore yfory, wedi dysgu chwarae rygbi efo pêl siap wy a sut i siarad Cymraeg pioden efo 'ch' a 'll'.

Adref – fi ac Eirwen – a'i bol siâp wy!

03-06-2015

Diwrnod hir o deithio heddiw. Gadael Plascoch yn fuan ar ôl 5 y bore i hedfan i Frwsel. Digon o amser i ddarllen am farwolaeth drist Charles Kennedy yn 55 oed ddoe. Ar ddechrau ei yrfa gyda'r Democratiaid Rhyddfrydol ef oedd yr Aelod Seneddol ieuengaf a bu'n arweinydd effeithiol ar ei blaid ar ddechrau'r rhyfel yn Irac. Collodd ei sedd yn chwalfa ei blaid fis Mai ac ymddengys iddo golli'i frwydr yn erbyn effaith alcoholiaeth hefyd.

Bu damwain yn Alton Towers ddoe gan niweidio dau berson ifanc yn ddrwg.

Ym Mrwsel pnawn 'ma i groesawu a chymryd rhan mewn cynhadledd ar dirluniau. Cynhelir y gynhadledd yn adeilad y Cyngor Economaidd yn Rue de Trèves o dan faner Hercules, sy'n brosiect Ewropeaidd i godi ymwybyddiaeth o bwysigrwydd gwarchod ein tirluniau traddodiadol. Cadeirydd y gynhadledd yw'r Aelod Seneddol Ewropeaidd Ceidwadol Andrew Lewer a'r trefnydd yw Julianna Nagy ar ran Cymdeithas Tirfeddianwyr Ewrop (ELA). Cafwyd sawl adroddiad ymchwiliol ac fe gyfeiriais i at gyfraniad y CAP (y Polisi Amaethyddol Cyffredin) sy'n gofalu fod ffermwyr yn cofrestru henebion a thirweddau traddodiadol sydd ar eu ffermydd ac yn gallu gwneud gwaith cynnal a chadw drwy'r Cynllun Datblygu Gwledig. Mae'r gwarchod yn rôl ychwanegol i ffermwyr ond hefyd yn ychwanegu at amrywiaeth harddwch cefn gwlad i ymwelwyr.

Gadael y gynhadledd a hedfan ymlaen i Milan-Malpensa. Taith hir oddi yno i Ispra ac aros noson mewn gwesty syml, Casa Don Guanella, fu gynt yn fynachlog ac yn ganolfan astudio grefyddol.

04-06-2015

Yn Ispra gyda fy nghyd-aelodau o'r Adran Amaeth, Datblygu Gwledig a'r Amgylchedd, gan mai yma mae prif ganolfan ymchwil y Comisiwn Ewropeaidd, y JRC, oedd yn newyddion i mi! Llawer o gyfrinachedd wrth gael mynediad yn y bore, i'r fath raddau fel y methodd un o'n cyd-aelodau o Iwerddon, John Bryan, gael mynediad pan gyrhaeddodd yn hwyr! Roedd y ganolfan, yn ei dyddiau cynnar, yn gwneud llawer o waith ar ynni niwclear. Clawdd o ymchwil gorllewin Ewrop rhag bygythiad y Sofiets i'r dwyrain. Cael gwybodaeth a chyflwyniadau ar waith y Ganolfan yn monitro defnydd ffermwyr o'u tir a chysoni'r wybodaeth gyda'r mewnbwn ar eu ffurflenni IACS. Defnyddio'r dechnoleg lloeren ddiweddaraf a cheisio sicrhau fod yr wybodaeth a gesglir yn deg ar draws y Gymuned Ewropeaidd. Mae'r manylion a gesglir yn fanwl iawn, yn ddigon i ddychryn. Gofynnais y cwestiwn – pa reoleiddio sy'n bodoli i sicrhau nad yw'r wybodaeth a gesglir, sy'n cynnwys lluniau o gartrefi ffermwyr a'u cymdogion, yn cael ei rhyddhau i sylw eraill a'i defnyddio er mantais anghyfreithlon. Nid oedd yr ateb yn gwbl dderbyniol a rhaid cwestiynu mwy. Meddyliwch eto cyn torheulo'n borcyn yn yr ardd gefn!

05-06-2016

'Nôl adre yn fy milltir sgwâr a rhwng y cloddiau cyfarwydd. Gwyrddni ym mhobman. Ym marchnad y Trallwng erbyn 6 y bore i werthu ŵyn. Dwi'n ddiamynedd wrth giwio ac felly'n cyrraedd yn gynnar, yna 'nôl adref a mynd â llwyth o ŵyn i ladd-dy RPF ger Llandinam. Rwyf yn aelod o gynllun gwarant cig oen Cymru ers y dechrau yn y nawdegau. Fy rhif yw 42 a byddaf yn gwerthu tua 800 o ŵyn i Waitrose bob blwyddyn a gwerthu'r gweddill ym marchnadoedd y Trallwng a Chroesoswallt.

Gartref, Gerallt Ffrancis ac Andrew Pryce, aelodau dibynadwy o dîm Hywel Williams, yn cneifio bron i 600 o ddefaid miwl Plascoch gyda Robert a Sam yn tendio. Byddant wrthi eto yfory ar fy ffarm arall, Pen Parc, Llanerfyl. Does gen i ddim syniad o ble daw eu hegni ddydd ar ôl dydd. Mae pris gwlân ychydig yn well ond yn parhau'n aneconomaidd o isel. Byddai'n braf pe bai rhywun yn darganfod defnydd newydd i gynnyrch naturiol ein dull o ffarmio.

Archebu llwyth o ddiesel, yn ôl fy arfer, gan H. V. Bowen, yr Adfa, ac un o staff cwmni R. V. W. Pugh, Mellington, yma i baratoi'r Massey Fergusons ar gyfer y cynhaeaf.

Dechrau cynllun pensiwn i staff y ffarm, o dan y rheolau newydd, gyda chymorth Morgans, y cyfrifwyr, yn y Trallwng.

Siwan, fy merch, yn gweithio'r nos yn Ysbyty Glan Clwyd ar ward y babanod.

06-06-2015

Bore Sadwrn, a dyma fi yn fy ngwisg nofio yn wynebu'r peiriant tonnau. Mae Canute wedi cyrraedd canolfan wyliau'r Garreg Las ger Arberth i ymuno â Marged, Owain, Celine ac Aron. Cael hwyl fawr, yn enwedig ar y sleidiau troellog i lawr i'r pwll. Digon o adloniant dan do i rwystro unrhyw dywydd gwlyb rhag amharu ar ein gwyliau.

Plascoch

*Cyflwyno'r adroddiad ar Ddatblygu Gwledig gyda Joana Agudo a
Hans-Joachim Wilms*

Bwydo'r defaid a'r gwartheg; mamolaeth a Rhodri'n dysgu Aron i ffarmio

Glandon Lewis yn gwerthu tarw yn y Trallwng

Robert a Glyn Jones

Steffan yn magu llo

Erfyl Tomas yn plygu gwrych

Ŷd gwanwyn – cynllun Glastir

Tom Evans a Selwyn Davies – mae'n hen bryd plygu'r gwrych yma!

Tyfu maip i gynllun Glastir; Tudor Gittins yn plannu gwrych dan gynllun Glastir Uwch; Rhys Lewis yn hyfforddi Sami cyn ei werthu i mi; Taid Plasgwyn yn garddio (odeutu 2010)

Biwro Adran Amaeth Gwledig y Pwyllgor Economaidd a Chymdeithasol ym Mrwsel

*Y Grand Place,
Brwsel*

*Stabal y Nadolig,
Brwsel*

*Cynhadledd ar
Ewrop yng
Nghaerdydd*

*Enillwyr a threfnwyr
cystadleuaeth Gwraig
Ffarm Arloesol,
Ewropeaidd y
flwyddyn (2016)*

*Gweithgor o gyd-
aelodau Ewropeaidd
yng Nghaernarfon*

Ymddiriedolwyr a Staff y Sefydliad Cymunedol yn hyrwyddo buddsoddi elusennol ym Mrwsel

Trelar Ifor Williams yn y Ffindir

Steve a Sam Maggs o Aberhonddu ym Mrwsel

Gweithgor Ewropeaidd yn astudio polisïau ynni adnewyddol Cymru

Hugh Roberts, un o enillwyr Gwirfoddolwyr y Flwyddyn gyda Lesley Griffiths a Ruth Marks

Nia Lewis (chwith) o Swyddfa Llywodraeth Cymru, Brwsel yn croesawu Holly Evans a Sian Elin Williams, enillwyr yr Urdd gyda Ruth Morris

Steffan Prys gyda Ffion Phillips a Cennydd Jones, enillwyr siarad cyhoeddus yr Urdd 2016 y tu allan i'r Pwyllgor Economaidd a Chymdeithasol

Cennydd a Ffion gyda Jill Evans a Derek Vaughan yn y Senedd Ewropeaidd

Aduniad Comisiwn Richard

Cofeb i'r rhai a gollodd eu bywydau yn Berlin pan rannwyd y ddinas gan y Comiwnyddion

Gerallt Llywelyn, Menter Môn, gyda'i ymbarél, yn esbonio gwerth Cynllun Leader yr Undeb Ewropeaidd

Gormodedd bwyd yng Ngwyl y World Expo yn Milan

Aduniad cyn-gadeiryddion Ffermwyr Ifanc Maldwyn

Cariadon!

Ffrindiau – Rees a Sally Roberts uwchben Penybont-fawr (2016)

Myfyrwyr Neuadd Ceredigion, Aberystwyth oddeutu 1969

Gyda Nain, Marged a Siwan

Marged ar y Zipwire

Elizabeth Jane
a
Modlen Jên

Rhodri a Siwan (ar y
chwith)

Steffan a Rosie

Steffan
yn sioe gerddorol
Shrek

Owain,
Celine
ac Aron

Mewnlifiad!

Pedwar hapus yn St
Lucia

Yr Arglwydd John Morris ac arweinwyr Undeb Amaethwyr Cymru

Llew Jones, un o sylfaenwyr yr Undeb

Meurig Voyle

*Gyda Gwyndaf
James a Dewi Jones*

*Dr Tim a Cynthia
McVey wedi bod ar
wyliau'n dathlu
ymddeoliad*

Ifan Ellis – barman a ffarmwr

Saith o hoelion wyth Clwb Pêl-droed Dyffryn Banw

Geraint Williams

Wali, fy mrawd, Mari ac Elen Jones

John Yeomans, a'i blât yn lân

Adref ym Mhlascoch

*Iwrt, Ty'n Buarth,
Dothan, Ynys Môn*

*I'r Eisteddfod ym
Mathrafal*

*Philip Griffiths o'r
sioe Phantom ar ei
ffordd i feirniadu yn y
Steddfod*

Lindsey Williams yn ymddeol o WCVA

Caffi Cletwr

Graham Benfield gyda fersiwn newydd o'r Cytundeb Partneriaeth rhwng y Cynulliad Cenedlaethol a'r Sector Gwirfoddol (oddeutu 2003)

Cwpan Rygbi'r Byd

Glanmor Griffiths a minnau'n lansio Ymddiriedolaeth y Stadiwm (oddeutu 2001)

Sian Stacey yn dechrau ar ei swydd ar Enlli

Mynwent Enlli

Ar werth!

Mary Steele, un o'r cwsmeriaid olaf cyn i'r banc gau

Cloddiau Plascoch – blodau Taid

07-06-2015

Bore Sul a gorfod gadael y gwyliau'n gynnar gan fy mod wedi bod oddi cartref ers rhai dyddiau ac eisiau mynd i'r Ffindir yfory. Wedi clywed fod Doug Morris, cyn-Drysorydd y WCVA, yn wael iawn ac yn ysbyty Pen-y-bont. Penderfynu galw i'w weld ond, ar ôl ffonio'r ysbyty, deall fy mod yn rhy hwyr gan iddo farw nos Wener. Roedd Doug yn ddyn tal, diddorol, yn weithgar dros y Blaid Lafur ac yn gyfrifydd profiadol. Bu'n swyddog gweithredol a thrysorydd WCVA am flynyddoedd lawer, gan gynnwys yn ystod y pum mlynedd y bûm i'n Gadeirydd, pan gododd ein trosiant o £4 miliwn yn nes i £30 miliwn. Bûm yn ffodus iawn o'i gyngor gofalus ac ni fu erioed, hyd y gwn i, amheuaeth am gywirdeb y fantolen.

09-06-2015

Arhosais neithiwr gyda fy ngweithgor yn y Scandic Marina yn Helsinki, a chroesi'r stryd y bore 'ma i adeilad cynadledda i gwrdd â Gweinidog Amaeth y Ffindir a nifer o gynrychiolwyr mudiadau gwledig. Mae Cynllun Datblygu Gwledig y Ffindir eisoes yn weithredol a'r Pwyllgor Monitro wedi cwrdd, felly mae llawer i'w ddysgu.

Fy ngyd-aelodau o'r Ffindir, Seppo Kallio a Pirkko Raunemaa, sydd wedi'n gwahodd. Mae Seppo'n cynrychioli coedwigaeth ac amaeth y wlad a Pirkko'n cynrychioli llais defnyddwyr a chwsmeriaid. Yr MTK, sef undeb coedwigwyr a ffermwyr y wlad, sy'n gyfrifol am y trefniadau.

Agorwyd y gynhadledd gan Weinidog Amaeth y Ffindir, Kimmo Tiilikainen, oedd â'i wreiddiau yn nwfn ym mhellafoedd gwledig ei wlad, ac yn amlwg yn deall yr angen am ddiwydiannau cynaliadwy ac ymrwymiad llywodraeth i hybu mentergarwch gwledig.

Yn ystod y bore, cael tystiolaeth am bwysigrwydd cynnig cyngor a mentora ac yn arbennig cydnabod pa mor hanfodol bwysig yw rôl merched wrth ddatblygu economi a chymdeithas wledig. Merched sy'n arwain yr arallgyfeirio a'r ychwanegu gwerth ar draws Ewrop. Merched a fanteisiodd gyntaf ar hyfforddiant cyfrifiadurol i brosesu busnesau newydd a hysbysebu gwerthiant cynnyrch, er fod rheolau perchnogi tir yn parhau'n ffiwdal mewn rhai gwledydd ac yn rhwystr rhag derbyn grantiau a benthyciadau. Cawsom gyflwyniad gan Terhi Lindqvist o fudiad Martha, mudiad a sefydlwyd ym 1899 i gefnogi merched. Dyma gymdeithas sy'n ymgyrchu dros hawliau ac yn cynnig cyrsiau hyfforddi a chyfleoedd i rannu syniadau, nid yn annhebyg i Ferched y Wawr a Sefydliad y Merched.

Llawer o drafod ar sut roedd ardaloedd gwledig yn adeiladu ar y diwydiant amaeth. Rhai'n addasu adeiladau sbâr, datblygu llwybrau cerdded, hybu proffil gwyliau iach, er imi glywed un nodyn ysgafn – 'entrepreneurship smells', wrth gyfeirio at wrthdaro rhwng datblygu a hamddena tawel!

Un o'm cyd-aelodau am weld rhai o'r ardaloedd llai poblog, mwyaf anghysbell yn cael eu hamddifadu'n llwyr o ffarmio, gan adael i'r tir lithro'n ôl i fywyd gwyllt. Bu awgrym tebyg am fynyddoedd Pumlumon rai blynyddoedd yn ôl. Ond fydd yr awgrym ddim yn fy adroddiad i! Dysgu tric arall wrth i'r holl dystiolaeth fynd ymhell y tu hwnt i nenfwd geiriol yr adroddiad. Defnyddio troednodyn ar waelod tudalen fel mynegbost i'r darllenwyr mwyaf ymchwiliol. Yno bydd cyfeiriad at adroddiad Malcolm Thomas ar drosglwyddo rhwng cenedlaethau ac un yr Athro Wynne Jones ar hyfforddiant ac addysg yng Nghymru ac ati.

Gorffen y diwrnod trwy hedfan, fel grŵp, i'r gogledd, i Kuopio a chael swper gyda'r Maer, Petteri Paronen, cyn ein teithiau i weld prosiectau yfory. Mae rôl ac adnoddau llawer o feiri trefi Ewropeaidd yn gaffaeliad gwerthfawr i dwf economaidd a chymdeithasol. Tybed beth fyddai effaith datganoli mwy o bŵer ac adnoddau i lefel fwyaf lleol ein cyfundrefn lywodraethol, wedi inni ailwampio ein cynghorau cymunedol?

10-06-2015

Taith bws heddiw, ar ffyrdd syth, Napoleonaidd, trwy goedwigoedd tal ac ynysoedd o gaeau ffarm. Llynnoedd dŵr a phontydd i'w croesi. Darlun o dreftadaeth tirwedd gwahanol iawn i Gymru. Cyrraedd un clwstwr o dai a chwrdd Anu-Kaisa Ruponen. Hi'n arwain grŵp o fenywod, gyda chymorth cynllun datblygu gwledig LEADER, sy'n cynnig gwasanaeth gofal cymdeithasol i'r ardal. Gofalu, mewn menter gymdeithasol, am anghenion y boblogaeth hŷn yn arbennig. Enghraifft o wasanaeth cyhoeddus a menter gymdeithasol yn cydweithio pan fo'r adnoddau'n brin i ardaloedd lle ceir diboblogi.

Yna ymlaen i ymweld â dwy ffarm sy'n eiddo i deuluoedd ifanc. Yn gyntaf, ffarm organig Mervi a Janos Metros, lle roedd yr hen gartref yn cael ei addasu ar gyfer ymwelwyr a'r teulu wedi codi byngalo iddynt hwy eu hunain. Defnyddio'r coedwigoedd i gynhyrchu ynni a chadw gwartheg Highland, er mawr falchder fy nghyd-aelod o ogledd yr Alban, Brendan Burns. Minnau'n cael sioc ac yn brolio o weld trelar Ifor Williams yn y buarth. (Na, nid un wedi'i ennill ar *Ffermio*!). Dyna beth mae marchnad sengl Ewropeaidd yn ei gynnig inni.

Yr ail ffarm, cartref Anni a Heikki Havukainen, yn

dangos mentergarwch y wraig ifanc. Aeth hi, gyda chymorth grant, i'r Iseldiroedd i astudio cynhyrchu llaeth gyda'r offer mwyaf modern. Yna fe fuddsoddodd hi a'i gŵr a'i thad mewn sied i gadw buches o 80 o fuchod godro. Yn y Ffindir ymddengys fod yn rhaid i blant brynu'r tir oddi ar eu rhieni. Menter fawr i faint y ffarm, yn dangos eu hyder, er yr anhawster o fod â chaeau gwasgaredig yn y coedwigoedd. Poeni rhywfaint amdanynt o gofio fod Ewrop mewn môr o laeth a bod rhai ffermydd ym Mhrydain yn cadw buchesi o fil a mwy o fuchod.

Ymweld wedyn â safle un o gwmnïau cynhyrchu llysiau mwya'r Ffindir, Famifarm Oy yn Kartanotie 6. Cwrdd y rheolwr-gyfarwyddwr, Jukka Pehkonen, a'r perchennog, Albert Grotenfelt. Aceri o siediau tyfu llysiau, gyda'r cynhesrwydd yn deillio o foeleri llosgi tanwydd rhad o'r coedwigoedd cyfagos. Hefyd yn llosgi mawn, ynni sydd ychydig yn fwy dadleuol. Clywed am effaith y sancsiynau yn erbyn Rwsia a sut mae'r ymateb, sef peidio prynu nwyddau amaethyddol o'r Gymuned Ewropeaidd, yn lladd busnesau ar y ffin oedd yn dibynnu yn draddodiadol ar allforio i Rwsia. Pawb yn aros ac yn dyheu am well perthynas eto gyda Putin ac yn sôn sut mae ei deledu lloeren yn cael ei ddefnyddio i dreiddio propaganda i gartrefi'r hen wledydd comiwnyddol. Fawr o sôn am hyn ym Mhrydain.

Tra bydd y sancsiynau'n parhau i wasgu ar ddinasyddion dwyrain yr Undeb Ewropeaidd, mae perygl i rai ohonynt lithro'n ôl i berthynas agosach â Rwsia. Mae 'na ganran sylweddol o ddinasyddion y gwledydd yma'n parhau i fod o dras Rwsiaidd.

Gorffen yr ymweliadau ym mhentref Soinilansalmi. Dyma bentref, fel llawer ledled Ewrop wledig, oedd yn colli ei boblogaeth ifanc ac felly'n colli gwasanaethau cyhoeddus, gan gynnwys yr ysgol leol. Daeth y 110 sy'n weddill at ei gilydd a ffurfio menter gymunedol. Gwaith gwirfoddol i bawb i adnewyddu'r ysgol yn ganolfan addysg a hyfforddiant, yn fwyty ac yn westy gwelyau pren o'r enw Salmitalo. Datblygu syniadau twristaidd, trefnu gŵyl flynyddol ac adfer hen sgiliau gwledig. Pentref, bellach, o bobl hyderus, hwyliog, a enillodd wobr pentref y flwyddyn yn 2013. Gobeithio y bydd eu mentergarwch yn parhau ac yn esiampl i eraill. Cofio fod ymdrechion tebyg yn digwydd yng Nghymru mewn pentrefi fel Llanbadarn Fynydd a bod gan y Loteri Fawr nawdd ar gyfer prosiectau tebyg, o dan y teitl Village SOS.

Aros nos mewn ysguboriau wedi'u harallgyfeirio yn Lomamokkila, Mikonkiventie 209 gyda'r ffarmwr Kalle Björn, cyn hedfan bore yfory o Savonlinna i Helsinki ac yna i Fanceinion. Wedi dysgu llawer a mwynhau.

Paljon Kiitoksia, diolch yn fawr, Seppo a Pirkko.

18-06-2015

Pen-blwydd fy mrawd, Wali, yn yr Hafod, Cwmnantyreira. Roedd 'na amser yn ystod ein plentyndod pan fûm yn falch o fod yn hŷn na'm brawd a gallu gwthio bai am ein camfyhafio arno fo. Bellach, dwi'n eiddigeddus o'i oedran! Rydyn ni'n ddau frawd gwahanol, a Wali'n dilyn traddodiad un ochr o'r teulu, fel ei ddiweddar ewythr Joseff Humphreys a'i gefnder, Arwyn Griffiths, o fod yn beiriannwr greddfol. Pennau a dwylo'n cydgordio i ddatrys problem a chelfydd-atgyweirio. Cloddiau eu gweithle'n daclus, yn ffrwythlon o forthwylion, sgriws a sboners. Llenorion tebot oel gyda welder fel beiro. Minnau, unwaith, yng ngeiriau fy mrawd yn 'Shakespeare anobeithiol wedi torri'r chwalwr gwair, eto, ym mhen draw cae'.

Dwi yn adeilad brics coch y Pierhead ym Mae Caerdydd i arwain seremoni wobrwyo Gwirfoddolwyr y Flwyddyn fel rhan o ymgyrch wythnos hybu gwirfoddoli yng Nghymru. Noddir y seremoni gan Lywodraeth Cymru ac fe'i trefnir yn flynyddol gan Gyngor Gweithredu Gwirfoddol Cymru. Cefais y fraint o arwain hon bron yn ddi-dor ers y tro cyntaf yn 2003. Mae nifer o gategorïau, a chant neu fwy o unigolion a grwpiau wedi eu henwebu. Dyma lwyfan i roi cyfle i ddinasyddion Cymru gydnabod yr holl waith gwirfoddol sy'n digwydd bob dydd, ym mhob ardal ac ym mhob agwedd ar fywyd.

Amcangyfrifir, trwy waith ymchwil Bryan Collis o'r WCVA ac eraill, fod tua miliwn o boblogaeth Cymru yn gwirfoddoli. Clawdd sifil sylweddol o unigolion a grwpiau, sy'n ganran uchel iawn o'n poblogaeth, ac yn gwbl angenrheidiol i warchod rhag eithrio cymdeithasol. Byddaf, fel arfer, yn arwain yn ddwyieithog, ac rwyf wrth fy modd yn cwrdd â'r rhai gafodd eu henwebu. Prif westai heddiw yw Lesley Griffiths, y Gweinidog sydd â chyfrifoldeb dros y sector gwirfoddol. Cawsom araith bwrpasol a chefnogol ganddi, a therfynwyd y seremoni gan Ruth Marks, Prif Weithredwraig WCVA.

Ymhlith y buddugwyr roedd Hugh Griffith Roberts o'r Bermo. Mae Hugh yn gyn-warden gyda Pharc Cenedlaethol Eryri ac wedi casglu lluniau a dogfennau yn ymwneud â hanes yr ardal, yn ogystal â hyfforddi a rhannu'i wybodaeth ymhlith ei gymdogion.

Diwrnod hapus, gan obeithio y byddwn yn trosglwyddo'r consýrn am eraill, yr awydd i godi llaw i helpu, nid unwaith ond yn rheolaidd, i'r genhedlaeth nesaf. Mae'n dda fod llawer o gyflogwyr yn rhoi gwerth ar i'w gweithwyr wirfoddoli, a bod rhoi, yn ogystal â derbyn, yn nodwedd o gryfder ac iechyd cymdeithas.

19-06-2015

Adre'n ffarmio, ceisio am basborts i'r lloi, chwistrellu'r moddion Clik ar gefnau ŵyn i'w diogelu rhag gwybed a chynthron.

Rob yn rhengio silwair ar ein ffarm ger maes awyr y Trallwng – Trehelig – a Mike Davies o Gefn Coch yn belio byrnau mawr. Dwi'n lwcus o ffrindiau fel Mike, na fethodd erioed gadw addewid i wneud y byrnau mewn amser a chyn glaw. A hynny, weithiau, ar alwad munud olaf gennyf. Bydd Gwynfor Thomas Cwmderwen, Glyn a'r tîm yr un mor ffyddlon ymhen yr wythnos yn silweirio bron 200 acer i'r siediau. Mae'n gas gen i dractorau a pheiriannau, felly fe ddigwydd y cyfan yn fy absenoldeb, hyd braich.

Mick Bates, ein cyn-Aelod yn y Cynulliad, wedi cael damwain gyda'i feic pedair olwyn. Nid fo yw'r cyntaf na'r olaf. Brysia wella, Mick.

20-06-2015

Mae Beryl Vaughan, seren wib a chadeirydd yr Eisteddfod Genedlaethol, wedi bod yn cerdded llwybr arfordir Cymru yn ystod y flwyddyn i godi ymwybyddiaeth a nawdd i'r Eisteddfod. Sialens arwrol, rhy arwrol i mi. Heddiw bu Owain, Rhodri, Siwan, Modlen y ci ac eraill yn cydgerdded â Beryl y tu allan i Gaerdydd. Bydd Rhodri a Siwan yn dychwelyd adref i ymarferiad gyda Chwmni Theatr Maldwyn yfory.

Dwi'n paratoi drafft arall o'm hadroddiad gan fod y cyfieithwyr ei angen mewn da bryd ar gyfer cyfarfod nesaf yr Adran Amaeth, Datblygu Gwledig a'r Amgylchedd. Fy Saesneg gor-flodeuog yn peri trafferth, yn arbennig o'i gyfieithu i'r Almaeneg, am ryw reswm.

26-06-2015

Lladd a mwy o ladd gan derfysgwyr. Saethwr yn lladd o leiaf 38 o ymwelwyr diniwed, Prydeinwyr gan mwyaf, ar draeth gwesty yn Tunisia. Dyma'r wlad lle cychwynnodd y Gwanwyn Arabaidd a lle mae mudiadau democrataidd wedi sicrhau sylfaen o atebolrwydd a hawliau sifil. Bydd y digwyddiad yn dychryn ymwelwyr a buddsoddwyr a dinasyddion diniwed fydd yn dioddef.

Hunanfomiwr wedyn yn lladd 27 y tu allan i fosg yn Kuwait, ac fel petai hynny ddim yn ddigon o newyddion trist, gweithiwr yn lladd ei gyflogwr, mewn ffatri ger Grenoble.

Trafodaethau rhwng llywodraeth Groeg a gwledydd parth yr ewro ynglŷn â thrafferthion economaidd ac ariannol dwfn Gwlad Groeg yn methu.

Un nodyn o newyddion da teuluol – Mari, merch fy mrawd, Wali, ac Elen, wedi graddio ym Mangor. Hwrê!

27-06-2015

Penwythnos Gŵyl y Cann yn Llangadfan. Criw bach wedi bod yn prysur baratoi rhaglen amrywiol eto eleni. Dyma un o'r gwyliau haf cerddorol Cymreig sy'n cynnig adloniant a chyfle i gymdeithasu mewn ardaloedd gwledig.

Mynychu noson o win a chaws hefyd, wedi'i threfnu gan David a Lynne Peate a'u pwyllgor, yn eu cartref uwchben Llanfair Caereinion. Noson hwyliog i godi arian at yr Eisteddfod Genedlaethol, a busnesa rhwng cloddiau rhywun arall!

28-06-2015

Pnawn Sul. Deg ohonom yng nghapel Rehoboth, Llangadfan i wrando ar ein gweinidog, y Parch. Peter Williams, a bedyddio'r organ newydd, gafodd ei meistroli'n gelfydd gan Mrs Jones, Bryngwaeddan. Buddsoddiad hyderus mewn cyfnod o drai capelyddol digalon. Rydym yn methu'n glir â throsglwyddo gwerth addoliad ffurfiol i'r genhedlaeth nesaf, ac mae'r seddi gwag yn brawf o densiynau. Dwi'n gwbl gyfforddus yn eistedd yn y cefn, yn gweld gwerth mewn oedfa, i oedi a meddwl rhwng dwy wythnos. Eistedd ar y clawdd heb deimlo unrhyw reidrwydd gormesol i fod yma.

28-06-2015

Carcharor

'Jennie, dowch, mae'n amser capel.'

'Dod rŵan, Mrs Jones,' atebais o loches fy llofft. Fedra i ddim arfer galw fy mam-yng-nghyfraith wrth ei henw cyntaf, Laura, hyd yn oed ar ôl blwyddyn o briodas efo Gruff, ei mab. Fedra i ddim edrych yn syth i'w llygaid chwaith. Ysgwyd fy hun allan o'r jîns ac i mewn i sgert dywyll a blows wen – dillad capel – sy'n hen ffasiwn, naff, ac yn symbol chwerw o'm bywyd diflas. Dim angen colur. Aros am y gorchymyn arferol nesaf:

'Cofiwch y llyfr emyne a'r casgliad,' brathodd.

'Gwnaf.' Blydi hel, fel taswn i'n mynd i anghofio. Mae unwaith yn ddigon i gael cerydd o flaen pawb tu allan i'r capel. Rhuthro lawr y staer yn brwsio 'ngwallt gwyllt. Doedd hel defaid efo Gruff ar y beic bore 'ma yn y gwynt a'r glaw didrugaredd ddim yn help i warchod unrhyw ben o wallt, heb sôn am un blannwyd mewn dinas i'w docio'n drwsiadus gan Janet yn ei salon foethus. Mae'n gas gen i ddefaid.

'Shit, mae 'na dwll yn y teits 'ma.' Rhuthro 'nôl i'r llofft am bâr arall. Dydi'r pres poced mae Gruff a finne'n gorfod ei rannu ganddi Hi ddim yn caniatáu gormod o ddamweiniau sanau, heb sôn am unrhyw gardod i'w wario ar blesera.

'Jennie, mi fyddwn ni yn y car.' Llais John, fy nhad-yng-nghyfraith, sy'n ceisio cadw fy ochr yn ddiplomataidd, er ei fod yn gwbl atebol am bob penderfyniad o bwys iddi Hi. Mae o'n ffrind.

'Diolch, John, dwi ar y ffordd,' efo'r teits newydd rywle rhwng fy mhengliniau a'r pwdin reis oedd i ginio, eto fyth. Gruff, ti'n lwcus, fel babi siwgwr dy fam, fod gwaith ffarm yn dy rwystro rhag y llusgo Suliol i Fethania.

Cwympo'n ddi-steil i mewn i sêt gefn y Freelander ac eistedd yn ddamweiniol ar Ei llyfr emynau! Awydd rhechu gweddill y pwdin reis ar y clawr trwm. Cyrraedd Bethania heb i neb ddweud dim ar wahân iddi Hi'n rhestru gwaith yfory i John, a'm hatgoffa innau i lanhau'r gegin tra bydd Hi mewn pwyllgor 'pwysig' efo'r WI.

'Siŵr o neud, Mrs Jones.' Cyfle arall i guddio'i sbectol yn y soffa!

Cyfarch y seddi gwag. Pnawn da, ysbrydion y gorffennol. 'Eyes down.' Esgus peidio gweld y gweinidog yn llygadu'r ddau chwydd dan fy mlows. Druan o'r creadur, yn ailadrodd ei bregethau *boring* o un capel i'r llall. Mae ganddo bron iawn fwy o gapeli nag aelodau (rhai effro, beth bynnag).

Help, neb wrth yr organ. Mrs Morgan-Merched-y-Wawr wedi anghofio dod eto. Naw deg oed (hi a'r organ) a'r ddwy mor fyr o wynt â'i gilydd. Ddyliwn i ddim bychanu oedran, ond, help! Bydd Hi rŵan yn amneidio arna i i symud 'mlaen fel 'sub'. Dyna'r unig reswm 'mod i wedi'm conscriptio i fod yma. Gruff, pam ddiawl frolies ti 'mod i'n gallu chwarae'r piano pan o'n i'n blentyn? Tipical! Dewisodd y pregethwr emyn diarth – 'er mwyn y geiriau' mae'n debyg. Ond *chwech* siarp? Un am bob un o'r gynulleidfa. OK, awê. Llaw chwith yn greadigol iawn. Bysedd llaw dde'n *weddol* gywir. Ailganu'r llinell gyntaf? O, hec, sylwes i ddim! Camgymeriad mawr! Dwi'n fîtrwt. Diolch fod John yn ganwr sicr a digon uchel i foddi gwichiadau'r organ. Dwi wedi gwrthod cyfeilio mewn unrhyw angladd. Pawb yn eu du, fel brain, yn hofranddisgwyl fy nodau anghywir a thwt-twtian wrth iddynt aros i alaru. Gallaf eu dychmygu, fel Daleks yr Hen Gorff, yn gweiddi 'Exterminate!' Dwi'n garcharor i'r gwichiwr.

O na, y mobeil yn dechrau canu tiwn Mynediad am Ddim, 'Wa Macspredar', yn ystod y weddi. Dim 'dwys ddistawrwydd' pnawn 'ma. Esgus mai ffôn rhywun arall yn y seddi gwag oedd o a cheisio'i dagu dan fy mhen ôl. Hi'n gwgu eto. Be fyddai Iesu Grist yn ei feddwl o'r ddrama yma? Gweiddi *'cut'* a thynnu'r llenni neu chwerthin ar y ffars? Edrych i'r to am ateb wrth i wybedyn camicâsi blymio a glanio ar ben y gweinidog.

Dychmygu'r capel yn orlawn. Pawb mewn jîns a thrênyrs yn canu haleliwia efo organ otomatig. Pregethwr efo'i gitâr (nid Dafydd Iwan) yn y pulpud a dau arall o dan hyfforddiant yn y sgwâr. Tu allan, fan Securicor yn aros i gasglu'r sach drom o gasgliad papurau decpunt.

Neges peiriant ateb oedd ar y ffôn, yn fy ngwahodd i barti heno efo ffrindiau yn y dre. Hwrê, ond pa esgus ga i i fynd a dianc?

'Mae'n ddydd Llun fory. Rhaid i chi fynd i'r gwely'n gynnar i Gruff godi'n fore' fydd Ei dedfryd derfynol. Diolch byth nad yw'n trydar neu fyddai gen i unlle i guddio.

Pregethwyd am Moses yn yr anialwch ar ei ffordd i wlad yn llifeirio o laeth a mêl. Efo pris llaeth fel y mae o, a'r arbenigwyr yn traethu fod ein gwenyn dan fygythiad rhyw feirws, waeth i ni aros yn yr anialwch ddim! Oes neges i mi, ferch swbwrbia, fan hyn yn 2015, ond na fedra i mo'i gweld hi? Rhaid i mi anfon neges drydar at y proffwydi i ofyn am gyngor. Bu rhai ohonyn nhw hefyd mewn caethglud yn chwilio am ddihangfa. Nid pawb ddychwelodd i'w Jeriwsalem.

Tu allan, pawb yn sôn, nid am y bregeth, ond am y tywydd a rhyw daliad sengl. Dwi'n draean o'u hoed ac yn sefyll i sbio'n hiraethus dros ben clawdd, draw at fy ngwreiddiau trefol.

'Nôl adref a dianc i'r llofft, yr unig barôl sy' gen i. Gwnes safiad, trwy Gruff, ar y dechrau nad oedd dim mynediad i fod i'n llofft a bod gennym deledu a thecell yno. Mae'n teimlo fel nyth llygod bach, a'r briwsionyn pitw o gaws tu allan yw'r siawns, rywbryd, o fod yn berchen ar dir llai ffafriol ac adeiladau oedd yn relics rhacs. Hi, fel hen gath, yn mynd i unlle'n fuan beth bynnag!

Newid i'm jîns a siwmper a meddwl am y parti. Daeth Gruff o rywle yn drewi o slyri a silwair. Hynny ar ôl cael cawod a, na, doedd dim mynd allan heno gan fod buwch yn lloio. Blydi buwch *arall* angen help lloio! Yr esgus perffaith! Dwi'n casáu buchod!

Mae Hi, lawr staer, yn rhoi'r bai i gyd arna i am nad oes llo – sori, babi – yn y llofft 'ma. Wrth gwrs, byddai Gruff wedi gallu cenhedlu â holl ferched yr ardal oni bai iddo fod mor fyrbwyll un noson yn Majorca a 'newis i. Fi, ŵyr ddim am ffarmio na byw yn y cefen-gwlad-Colditz yma. Fi, sy'n hesb.

Chwarae teg i Gruff, roedden ni'n dau yr un mor feddw ar gwrw rhad a chynhesrwydd y Med. Gruff yn Can Pastilla efo bois y clwb rygbi wrth iddyn nhw ddathlu ennill y bencampwriaeth a minnau efo'r merched ar benwythnos ieir cyn priodas Janet. Roeddwn yn ddeunaw oed dibrofiad ac yntau'n ugain aeddfed a'i gyhyrau cario blawd fel rhai Dan Lydiate yn lliwiau melys y machlud a'r margaritas ...

Deffro'r bore nesa'n cofio dim heblaw am yr ieir yn clwcian eu cymeradwyaeth a Gruff isie 'ngweld i eto. Freuddwydies i ddim y byddai'r briodas ymhen blwyddyn yn arwain at garchar oes yn y tŷ ffarm melltigedig. Torrodd Mam ei chalon o'm gweld yn gwrthod mynd i goleg. Gruff oedd pob peth. Petaen ni ond wedi cael llonydd a phreifatrwydd a chyfle i anadlu. Wŷr neb tu draw i glawdd buarth am y bwlio distaw, cudd sy'n digwydd; y torri crib, y llyffetheirio, y mygu breuddwydion. Pa oes deinosor yw hon? Pa grefydd? Pa ddiwylliant?!

Heno, dwi'n mwynhau rhyw fath o ryddid. Yfed gwin wrth orwedd ar fy hyd ar y soffa yn hiraethu am y parti a ffantasïo wrth wylio ripît Sex and the City ar y teli. Gruff yn pori yn ei Farmers Weekly a chysgu bob yn ail. Lawr staer mae Hi'n talu biliau a John, allan ar drwydded, mewn cyfarfod yn trafod rheoli llwynogod. Closio at Gruff i gystadlu efo erthygl ar iechyd a diogelwch ar ffarm. Mwytho'i wallt cyrliog a phlannu cusan ysgafn, ogleisiog yn ei glust, mewn gobaith.

'Gruff!' Gorchymyn o lawr staer. 'Gwell i ti fynd i weld y fuwch 'na. Mae'n siŵr o loio a dydi dy dad heb ddod 'nôl eto.'

Cusanu'r gwynt wrth i Gruff ruthro allan i'r nos. Roedd yn ôl mewn eiliadau:

'Tyrd, dwi isie help, mae coes ar ôl.'

'Pwy, fi? Ond sgen i ddim ofyrôls!'

Gwisgo dillad John a chortyn am fy nghanol ac ymlwybro'n ansicr i'r beudy. Sylwi, wrth basio, ar focs ar lawr yn y gwellt. Oedi. Darllen. 'Rat Poison.'

'Gafael yn y cortyn a thynna dy ore.'

Ych a fi. Brych a suddion melyn, gwlyb dros fy mysedd pinc. Doedd y fuwch ddim yn hapus iawn chwaith! Ond fe gafwyd llo byw, diniwed, a dyma'i fam yn ei lyfu'n gariadus. Croeso i'r byd creulon. Fe gei ofal gan dy fam a rhyddid i garlamu'r llethrau cyn eich gwahanu a'th garcharu mewn sied i aros dy dynged.

'Nôl i'r tŷ am gawod.

'Ges ti lo byw, Gruff?'

'Do, Mam, efo help Jen.'

'Hym. Tynnwch eich dillad i mi gael eu golchi.'

Daily News (cyfieithiad), Mehefin 30, 2015

Rhyddhawyd ffarmwr o'r Canolbarth – John Jones, Cwm Du – ar fechnïaeth wrth i'r heddlu barhau i ymchwilio i farwolaeth ei wraig, Laura Jones. Dychwelwyd ei chorff i'w theulu yn dilyn cwblhau profion fforensig ar ddillad Mr Jones. Bydd angladd cyhoeddus yng nghapel Bethania ar y nawfed o'r mis. Derbynnir rhoddion er cof, os dymunir, i'r elusen Atal Creulondeb yn y Cartref.

01-07-2015

'Nôl ym Mrwsel ar gyfer dau ddiwrnod o'n Cyfarfod Llawn misol.

Coffi cynnar gyda Sarah Vaughan, merch John a Beryl. Sarah yn gweithio i'r Cyngor Prydeinig ac ym Mrwsel i gyfarfod rhai o'i chyd-weithwyr. Mwynhau'r sgwrs.

Y grŵp Prydeinig yn cael cinio gyda'n gilydd. David Sears yw ein harweinydd answyddogol ac mae'n rhoi llawer o ymdrech i ofalu fod gennym yr wybodaeth ddiweddaraf. Mae hefyd yn ceisio'i orau i drefnu cyfarfodydd gyda swyddogion Llywodraeth Prydain sy'n gweithio yma mewn corff o'r enw UKRep, fel eu bod yn gwybod pa waith mae pob un ohonom yn ei wneud. Fel mewn sawl corff cyhoeddus sy'n wynebu toriadau ariannol, mae swyddogion yn newid cyfrifoldebau'n aml, gan rwystro adeiladu perthynas a dilyniant.

Y gwmnïaeth yn dawelach nag arfer gan na wyddom yn swyddogol a yw'r Llywodraeth yn ein hailbenodi i'r Cyngor, gyda'n tymor presennol yn gorffen ymhen dau fis.

Treulio dechrau'r prynhawn gyda fy swyddog o'r adran Amaeth, Maarit Laurila, yn cwrdd Martin Scheele, uwch swyddog yn adran Datblygu Gwledig y Comisiwn Ewropeaidd. Cyflwyno fy adroddiad drafft iddo i gasglu'i ymateb a gweld a wyf ar y trywydd iawn. Cael ymateb ffafriol a nifer o awgrymiadau a chywiriadau.

Yna gwrando ar y Comisiynydd Amaeth, Phil Hogan, yn annerch ein Cyfarfod Llawn. Mae pob Comisiynydd yn ein hannerch yn eu tro ac yn aros i dderbyn ymateb gan wahanol aelodau. Cefais air byr ag ef ar ddiwedd y cyfarfod i ddymuno'n dda iddo ar ei ymweliad buan â'r Sioe yn Llanelwedd a chellweirio fod ffermwyr Cymru'n disgwyl iddo lwyddo gyda'i addewid i symleiddio rheolau'r Polisi Amaeth.

03-07-2015

O dan amodau ein cynllun amaeth-amgylcheddol, Glastir Uwch, rydym wedi cytuno nid yn unig i blannu haidd gwanwyn ond hefyd, erbyn Gorffennaf y 1af, i blannu cnwd o faip. Y bwriad yw rhoi amrywiaeth o fwyd i adar ac arwain at drefn o gylchdroi porfeydd. Yn sicr, mae ein porfeydd wedi gwella ac mae'r maip yn y ddaear, am eleni, diolch i Reg Jackson o Lanrhaeadr-ym-Mochnant.

Steffan wedi gorffen ei gytundeb blwyddyn yn y sioe *Shrek* ac yn ymroi i ffarmio, gan deithio i Lundain o bryd i'w gilydd i chwilio am waith perfformio newydd. Dwi, a'i fam, yn falch iawn o'i gael adref am sbel.

Sam wedi penderfynu gadael a dychwelyd i'w hen swydd gyda chwmni peirianyddol sy'n gosod pibellau nwy a dŵr.

08-07-2015

Ym Mrwsel gyda Ruth Morris o staff Eisteddfod yr Urdd a'r ddwy ferch enillodd y cystadlaethau Siarad Cyhoeddus 'nôl ym mis Mai. Sian Elin Williams yn fyfyrwraig ym Mhrifysgol Aberystwyth a Holly Megan Evans yn ddisgybl chweched dosbarth o sir Benfro. Dechrau ein diwrnod yn swyddfa Llywodraeth Cymru, ger Schuman, lle cawsant sgwrs efo un o'r staff, Nia Lewis. Nia yn esbonio'i rôl yn paratoi ar gyfer ymweliadau gweinidogion o Gymru, sefydlu cyfarfodydd gyda'r Comisiwn, adeiladu partneriaethau gyda swyddogion o lysgenadaethau gwledydd eraill a chysoni barn Llywodraeth Cymru â barn ac agwedd Llywodraeth Prydain.

Yna cawsant eistedd i mewn ar gyfarfod yn adeilad ein Cyngor ar Rue Belliard. Roedd grŵp yr wyf yn aelod ohono yn trafod yr economi gymdeithasol a phwysigrwydd hybu busnesau cymdeithasol a chydweithredol. Cawsant gyfle i glywed mwyafrif ieithoedd swyddogol Ewrop ar waith a barnu pwy oedd y siaradwyr mwyaf effeithiol. (Yn sicr, nid fi.) Rhai'n byrlymu geiriau'n Dudur Owenaidd, glyfar, eraill yn bwyllog, araf. Cofiaf i'r Arglwydd Ivor Richard ddweud wrthyf, pan oedd yn arwain yr ymchwil i bwerau'r

Cynulliad Cenedlaethol, sut yr arferai roi saib hir rhwng geiriau o bryd i'w gilydd, i ddeffro'r gwrandawyr – a fyddai'n meddwl ei fod wedi gorffen – cyn parhau â'i araith. Pwysleisio gwerth y seibiant. Cyngor da gan un fu'n llysgennad Prydain i'r Cenhedloedd Unedig. Minnau'n defnyddio seibiant, nid yn unig i ddeffro cynulleidfa, ond i gofio beth i'w ddweud nesaf!

Ar ôl cinio, cerdded drws nesa i Senedd Ewrop. Roedd yr aelodau yn Strasbourg ond cynigiodd pob un o aelodau Cymru gymorth eu staff i dywys y merched o amgylch y Senedd. Bu Chaminda Seneviratne, ymchwilydd i Derek Vaughan, a Michael Greaves, cynorthwyydd Nathan Gill, yn barod iawn i esbonio eu rôl a'r broses wleidyddol yn y Senedd.

Pawb ohonom yn hedfan 'nôl i Birmingham ddiwedd pnawn, a'r ddwy wedi mwynhau'r profiad, gobeithoo. Mae'n bwysig fod ein sefydliadau democrataidd, o Landrindod i Gaerdydd, San Steffan a Brwsel, mor agored â phosib i holl ddinasyddion Ewrop. Mae'n rhan o'm gwaith i hwyluso'r broses, ac rwy'n mwynhau'r cyfle.

09-07-2015

Daeth brwydr hir a dewr y Parch. Raymond Hughes i ben wrth iddo gael ei gladdu heddiw yn Llanrhaeadr-ym-Mochnant. Gweinidog a phregethwr delfrydol. Gŵr a bugail uchel iawn ei barch a hiwmor iach yn cuddio'i afiechyd poenus. Bydd colled dros ardal eang ar ei ôl.

Galw heibio Barry Smith, cadeirydd clwb Dyffryn Banw, sydd ddim yn dda ar hyn o bryd. Barry'n prysur baratoi a threfnu dathliad pum mlynedd ar hugain ers ailsefydlu'r clwb. Cytuno i ddweud gair nos Sadwrn yn y swper yn y Cann Offis.

Troi'r teirw allan at y buchod i gael cenhedlaeth arall o loi y gwanwyn nesaf.

13-07-2015

Cyfarfod llawn o'r Adran Amaeth, Datblygu Gwledig a'r Amgylchedd. Dyma'r prawf mwyaf eto o werth fy adroddiad. Dyma'r tro cyntaf i fwyafrif yr aelodaeth o gant i'w weld a'i ddarllen yr adroddiad. Hyd yn hyn, rwyf wedi gweithio'n agos gyda fy ngweithgor. Gobeithio, rŵan, eu bod yn barod i'm cefnogi. Teimlo'n nerfus. Ond doedd dim rhaid imi: nifer o siaradwyr yn cefnogi a'r bleidlais yn unfrydol. Wow! Bydd raid i'r Adroddiad NAT 661 fynd yn ei flaen i'r Cyfarfod Llawn, gerbron y 350 o aelodau ganol mis Medi, cyn cael sêl bendith y Cyngor a dod yn ddogfen swyddogol. Bryd hynny, gobeithio cynnig y ddogfen yn Gymraeg.

Dathlu gyda diod neu dri!

18-07-2015

Ganol nos

'Helô, Llew chwith?'

'Helô, Llew dde?'

'Dydi o ddim wedi gwneud llawer o argraff arnat ti. Ti'n gorwedd yn fan'na mor dew a swrth ag erioed.'

'Dwyt ti ddim gwell, 'snam golwg llawer o "Pilates" ar y bloneg 'na.'

'Wel, rwyt ti'n sarhad ar lewod. Llenwi dy fol â chofnodion pwyllgorau dibwys. Pam na ddeudi di wrtho fo fod y gorffennol wedi mynd? Doedden nhw ddim yn bwysig yn y dechrau. Yn sicr, dyden nhw o ddim pwrpas bellach.'

'Hy, ti'n un da i siarad. Wyt ti'n sylweddoli fod storio gwerth tri mis o filiau cyn eu talu yn greulon i'r busnesau bach sydd wir angen yr arian? Deuda wrtho fo am eu talu, wir yr!'

'Meindia dy fusnes. Be 'di'r pwynt pentyrru calendrau'r gorffennol? Tafla nhw i'r llawr er mwyn i Henry eu hwfro.'

'Pe bawn i'n ti, mi fyddwn i'n poeni fod yr holl bapure symud defed sydd ar dy ben ôl mewn peryg o syrthio ar y gwresogydd. Wedyn byddwn ni ein dau ar dân a dim i'w warchod.'

'Wel, mae'n rhaid i ni'n dau wneud rhywbeth i ddechrau ysgwyd y cloddiau 'ma. Dydi o'n gwneud dim 'blaw creu chwaneg o bapur a rwdlan am ryw ddyddiadur!'

'Iawn, mi rown bum mis arall iddo, ac wedyn ...'

'Rhuo!'

19-07-2015

Blwyddyn wedi pasio ers i Lanfair Caereinion golli ei swyddfa bost a'i banc Nat West. Dau adeilad y drws nesaf i'w gilydd, yn cynnal swyddi a chyflwyno gwasanaeth holl bwysig, yn arbennig i'r oedrannus. Darlun cyfarwydd bellach yn ein pentrefi a'n trefi. Gwasanaethau'n cael eu canoli, sy'n llai o broblem i genhedlaeth sy'n gartrefol o ran defnyddio gwybodaeth ar-lein ond yn achos pryder i lawer o'r genhedlaeth hŷn. Bu nifer ohonom yn ymgyrchu'n aflwyddiannus ac yn ddig gyda chwmnïau a fentrodd yn or-hyderus i fasnachu ymhell o'u gwreiddiau ac yna amddifadu cwsmeriaid ffyddlon er mwyn arbed arian a chwtogi colledion. Fe gafwyd rhyw fath o gonsesiwn trwy gynnig gwasanaeth post yn siop Spar a chael bws bancio i alw yn y pentref am ychydig o oriau yn wythnosol.

21-07-2015

Pen-blwydd fy niweddar dad, fu farw'n 81 oed ym 1986, amser maith yn ôl, bellach.

Wythnos y Sioe Genedlaethol yn Llanelwedd. Bu Rhodri a Siwan i lawr ddydd Llun, Rhodri â chyfrifoldebau ar ran cwmni Agri Advisor. Bûm i yn Nant-y-ffin, Talgarreg yn prynu tarw Saler ychwanegol. Roeddwn eisoes wedi prynu tarw Limousin ifanc gan Colin Lewis, Buttington.

Mwynhau fy ymweliad â'r Sioe: cymaint i'w ddysgu, cymaint o ffrindiau i'w cyfarfod. Edrych ymlaen bob blwyddyn i weld un o'm harwyr, Meurig Voyle, cyn-ysgrifennydd Undeb Amaethwyr Cymru siroedd Dinbych a Fflint.

Sgwrs hefyd gyda ffrind da arall, John Lloyd Jones, Hendy, Tywyn. Roedd tad a mam John yn garedig wrthyf pan oeddwn yn ysgol Tywyn ac yn mynychu capel Bethel. John yn gyn-gadeirydd NFU Cymru a chyn-gadeirydd effeithiol y Cyngor Cefn Gwlad, y bûm i'n aelod ohono am ddeuddeg mlynedd o 1990 i 2002. John yn aelod o weithgor sy'n adolygu'r Parciau Cenedlaethol ac yn fy nghymell i ymweld â stondin cwmni Tŷ-Mawr, Aberhonddu, sy'n arloesi mewn deunydd cynaliadwy i adeiladau. Cwrdd Steve Maggs, un o'r swyddogion, ac ar ddiwedd y sgwrs ei wahodd ef a'i fab, Sam, i Frwsel yn ddiweddarach yn y flwyddyn.

Rhuthro adref i Gegidfa lle mae Steffan yn chwarae pêl-droed dros y Trallwng mewn gêm gyfeillgar. Y Trallwng yn colli yn erbyn Cegidfa 3-1!

Marged a Siwan yn mynd i dderbyniad yn y Sioe fin nos i gefnogi Lavinia Vaughan a Richard Tudor yn cael eu hurddo gan y Gymdeithas Amaethyddol, Frenhinol.

25-07-2015

Owain a Celine mewn priodas ffrind, Alan Rowlands a Bethan Morgan, ym Mangor ac yna yn Llangefni. Aron efo'i daid a nain ym Mhlascoch. Rydym wedi codi'r faner Draig Goch fwyaf y medrem ei phrynu yn ein cae agosaf i'r briffordd, i gyhoeddi fod yr Eisteddfod ar fin dechrau. Y Pafiliwn Pinc a'r strwythurau angenrheidiol yn prysur gymryd eu lle. Bu Siwan a Rhodri mewn noson codi arian arall ym mwyty'r Tri Aderyn yn Llanfair neithiwr, noson yng nghwmni Geraint Løvgreen.

Marged a Nain mewn cyngerdd drefnwyd gan Nerys Jones, Llywydd y Cymry ar Wasgar eleni, yn Llanfair Caereinion. Yr elw tuag at Ymchwil Cancr yng Nghanolfan Felindre. Nerys wedi canu 'Anfonaf Angel' yn wefreiddiol medd Marged.

31-07-2015

Gweinidog Ewrop yn y Llywodraeth, David Lidington, AS, yn fy ngwahodd i gynrychioli'r Deyrnas Gyfunol ar y Pwyllgor Economaidd a Chymdeithasol am fy nhrydydd tymor, o 2015 i 2020. Wedi bod yn aros am sbel i glywed ei benderfyniad, gan fod y tymor presennol yn gorffen ym mis Medi. Oherwydd bod y gwaith yn cymryd llawer o'm hamser, roedd yr ansicrwydd a'r eisiau gwybod pa ymrwymiadau fyddai gen i o'r hydref ymlaen yn destun cnoi ewinedd. Rwy'n mwynhau'r gwaith yn fawr, ond yn deall heddiw fod bron i hanner fy nghyd-aelodau un ai wedi ymddeol neu heb gael eu hailbenodi.

Mae'r Eisteddfod Genedlaethol ar fin cychwyn, a baneri'r Ddraig Goch fel gwenoliaid dros Ddyffryn Banw yn gwahodd pawb i Fathrafal. Ninnau'n byw prin ddwy filltir o'r Maes. Pawb yn gobeithio am wythnos braf, digonedd o ymwelwyr a theilyngdod yn y prif seremonïau. Beryl, y gadeiryddes, yn swnio'n hyderus-gyffrous yn ei chyfweliad â Beti George. Y targed ariannol wedi'i gyrraedd a'i guro, a'r bartneriaeth rhwng y pwyllgor gwaith lleol ac Elfed Roberts, Elen Elis a gweddill y staff yn llwyddiant. Gobeithio na fydd atgofion melys am 'seidr ddoe yn troi'n siampên' yr Eisteddfod ddiwethaf ym Meifod yn codi gormod ar ein gobeithion.

Robert, sy'n aelod pwysig o dîm y ffarm, wedi priodi Ruth, ei bartner, ddydd Llun ac ar ei wyliau. Y gweddill ohonom yn chwysu, brwsio a glanhau'r buarth ar gyfer ymweliad Llywydd yr Eisteddfod, R. Alun Evans, a'i deulu annwyl dros yr ŵyl.

Robin Gwyndaf yn galw heibio gydag anrheg – ei lyfr gwerthfawr ar y Wladfa, *Yr Etifeddiaeth Deg*. Bydd rhaid aros tan ddiwedd yr Eisteddfod i ddarllen hwn. Ceisio fy mherswadio i ysgrifennu rhywbeth fy hun. Dim llawer o beryg!

Yr ymgyrch i sicrhau dilyniant cynhwysfawr mewn addysg Gymraeg, o'r ysgolion cynradd i'r uwchradd, yn dwysáu ac i'w drafod ar faes y brifwyl. Rhisiart ap Rhys Owen, ymhlith eraill, wedi rhoi blynyddoedd o'i amser yn llythyru a lobïo. Dydi natur ddaearyddol wasgaredig Maldwyn o ddim cymorth wrth drafod creu canolfannau cynaliadwy. Mae ein methiant i fod yn genedl gyfforddus ddwyieithog yn dristwch mawr i mi, ac mor wahanol i'r sefyllfa mewn cymaint o wledydd eraill yn Ewrop.

Sioe-gyngerdd agoriadol yr Eisteddfod, *Gwydion*, heno, yn waith gwreiddiol Gareth Glyn, Penri Roberts a'r diweddar Derec Williams. Y Pafiliwn yn llawn a phob tocyn wedi'i werthu ers misoedd. Pawb yn eiddgar i weld y sioe gan Gwmni Theatr Maldwyn. Rhodri a Siwan yn y côr, a'r cyfuniad o ganu byw a chefndir ffilm yn creu perfformiad cofiadwy iawn. Linda Gittins yn arwain y canu a'r gerddorfa gyda'i hudlath, gan ddechrau wythnos brysur iawn iddi hi a llawer o'r perfformwyr.

01/02-08-2015

Mae maes yr Eisteddfod yn un hwylus i draffig ac yn gyfleus i'r carafanwyr ac i gynulleidfa Maes B. Mae digon o le i glystyru'r gwahanol ddiddordebau diwylliannol – canolfan i gerddoriaeth fyw a chabanau llên a chelf, gan gynnwys bol buwch o le anarferol i fyfyrio ynddo, sef lori cludo anifeiliaid Richard Edwards y Wern! Canolfan Gwerin sy'n adeiladu ar lwyddiant arbrawf y llynedd, cornel ddrama, bwa o gabanau bwyd a digon o seddi a byrddau i ymwelwyr gwrdd a thrafod.

Agorwyd y Babell Lên fore Sadwrn gan Geraint Løvgreen, sy'n methu penderfynu, rhwng Maldwyn a Chaernarfon, ynghylch ei wreiddiau! Mae'n un ohonom ni er bod ei gân i Gaernarfon yn un o'm ffefrynnau. Cafwyd rhaglen goffa arbennig i'w chwaer-yng-nghyfraith, Angharad Jones.

Y glaw'n ceisio bod yn sbeitlyd, a'r haf gwlyb yn golygu fod y pridd ychydig yn anwastad i gadeiriau olwyn, fel y darganfyddais fore Sul wrth fynd â Nain i'r oedfa. Cafwyd gwasanaeth pwrpasol o dan arweiniad Archesgob Cymru, Dr Barry Morgan, a chynulleidfa deilwng, o gofio fod llawer wedi bod yn y gyngerdd neithiwr. Mwynheais berfformiad côr yr Eisteddfod ar ei newydd wedd o dan arweiniad Jeffrey Howard. Bu ymarfer mewn gwahanol ganolfannau, a'r detholiad mwy cyfarwydd o ganeuon yn creu noson gofiadwy gyda Joshua Mills ac Elin Fflur. Mor falch o weld llawer o Gymry di-Gymraeg a nifer o'r Gororau yn y gyngerdd.

Pnawn Sul yn y Babell Lên yn gyfle i gofio am Emrys Roberts, cyn Archdderwydd, prifardd, prifathro a phregethwr o Lerpwl, Minffordd a Llangadfan. Roeddem yn ffrindiau, a chafwyd ffrwyth ymchwil diddorol gan ei fab, Dewi. Mae'n amlwg eisoes na fydda i'n gallu gweld a chlywed popeth sydd wedi'i ddarparu yn y gwahanol gabanau a phebyll. Collais ddarlith Huw (Mach) Jones, Swyddog Gweithredol cydwybodol Undeb Amaethwyr Cymru Meirionnydd, ar y Gwylliaid Cochion!

Mae clawdd gwarcheidiol ein diwylliant Cymraeg ar agor am wythnos, a'r stiwardiaid – un neu ddau o bosib yn ddisgynyddion i'r Gwylliaid – yn eu lifrai melyn, yn croesawu ac esbonio. Mae'r criw lleol, a'r rhai o ardaloedd eraill, yn broffesiynol gwrtais, gweithgar a gwirfoddol, a bydd rhaid iddynt gyfrannu oriau lawer yn tywys pobl i'w seddi, parcio ceir a chasglu tocynnau. Mae'r wythnos flynyddol yma'n parhau i roi hwb a magu hyder, a chyflwyno'r diwylliant i genhedlaeth newydd fel rhywbeth byw, cyffrous sydd o werth i'w drysori. Cyfle – nid un jingoistaidd – i sefyll ar ben clawdd, chwifio baner a chyhoeddi ein bod 'yma o hyd'.

Y stondinwyr, bellach, wedi cyrraedd, dadlwytho a chreu rhesi o siopau busnes ac elusennol. Y cyrff cyhoeddus yma ond yn tueddu i fod yn llai niferus pan fydd yr Eisteddfod ymhell o Gaerdydd.

03-08-2015

Nid euthum i'r Gymanfa neithiwr gan fod rhaid codi'n fore'r bore 'ma i werthu 44 o hen ddefaid ym marchnad y Trallwng. Nid yw gwaith y ffarm wedi'i hepgor yn gyfan gwbl dros yr Eisteddfod. Neithiwr, roeddwn ar fin cysgu pan ailddangoswyd rhaglen deledu ar Ann Griffiths a gyflwynwyd gan Derec Llwyd Morgan. Deffro a chofio fod Siwan, fy merch, yn actio rhan Ann, gyda Catrin Wyn Williams yn actio rhan Ruth. Nifer o gogie'r ardal ynddi hefyd, gan gynnwys Arwyn Groe, Arwel Jones, Rhyd y Gro a'r diweddar, annwyl, Arwyn Tŷ Isa.

Cafwyd cyfarfod teyrnged heddiw i Arwyn, wedi'i drefnu gan Arfon Gwilym. Bydd yfory yn ddiwrnod Arwyn yn yr Eisteddfod ac ymhlith y gweithgareddau gwerthir bathodynnau pilipala i godi arian at achosion da lleol.

Heno, y Noson Lawen. Hon, eto, â'i thocynnau wedi'u gwerthu i gyd. Llwyfan llawn o artistiaid: Dafydd Iwan, Bryn Fôn, Sorela, Linda Griffiths, Plethyn, Ysgol Theatr Maldwyn, corau Godre'r Aran a'r Rhos, Eilir Jones ac eraill. Yn eu plith, Steffan, fy mab. Eistedd efo'r teulu, a rhai o staff siop Londis o Lanfair Caereinion, yn entrychion cefn y Pafiliwn, yn nerfus rhag ofn iddo wneud camgymeriad. Rhyddhad wedi iddo orffen canu 'Yr Aderyn ar Fore o Fai', o waith Linda, Penri a Derec Williams. Un o'r uchafbwyntiau i mi oedd perfformiad Eilir Jones, a gyflwynodd sgript ar thema'r Eisteddfod yn ddoniol a chlyfar iawn. Cafwyd dynwarediad doniol o ganu plygain gan fechgyn Bro Ddyfi a chanu safonol iawn gan dri thenor Maldwyn – Aled Pentre Mawr, Rhodri Jones a Robert Lewis.

Darllen ar y we ar fy ffôn symudol fod perfformwraig naturiol a wyddai sut i gadw sylw cynulleidfa, sef Cilla Black, wedi marw'n ddiweddar, yn 72 oed.

04-08-2015

Ymbil ar Carol Kirkwood, fy hoff gyflwynwraig dywydd, i beidio darogan glaw dros faes yr Eisteddfod – yn sicr, nid cyn i bawb gychwyn am Fathrafal. Diwrnod cofio Arwyn ac mae bathodynnau pili pala'n cael eu gwerthu ar y Maes i greu gwaddol diwylliannol yn yr ardal er mwyn hyrwyddo'r Gymraeg wedi i'r Eisteddfod ymadael.

Mynychu cyfarfod ar y cyd rhwng Cymdeithas Mudiadau Gwirfoddol Powys (PAVO) a Chyngor Gweithredu Gwirfoddol Cymru i glywed Efa Gruffudd Jones, Prif Weithredwraig yr Urdd, yn lansio cynllun Ysbryd Gwirfoddoli. Hi a Garry Nicholas, Cadeirydd Cyngor yr Eisteddfod, yn tystio i bwysigrwydd gwirfoddolwyr mewn mudiadau o'r fath. Cefais sgwrs gyda Jonathan Levy o Class Networks. Mae Jonathan a'i gwmni'n darparu adnoddau technegol a chyfathrebu i elusennau ac wedi noddi seremoni wobrwyo gwaith gwirfoddol yng Nghymru ers blynyddoedd. Nid yw Jonathan yn siarad Cymraeg ac roedd yn ddiddorol clywed am ei bersbectif o gerdded Maes lle roedd y sgwrsio naturiol, dros hufen iâ, mewn iaith wahanol. Roedd wedi mwynhau ei ymweliad.

Nos Fawrth yn noson werin o dan arweiniad Siân James, merch annwyl, dalentog arall fydd angen gwyliau'r wythnos nesaf. Noson dda iawn eto, gydag artistiaid gwerin gorau Cymru, yn unigolion, bandiau a thelynorion, ar un llwyfan. Faint mwy o'r hufen-ddiwylliant yma fedra i ei dreulio?!

05-08-2015

Oes 'na fyd tu hwnt i'r Eisteddfod? Wel, nag oes yn tŷ ni yr wythnos yma. Pawb o'n gwesteion yn brysur. R. Alun wedi traddodi darlith ar Gymry'r Amerig, Betsan yn goruchwylio oddeutu Radio Cymru, fel cath yn prowlan, Dylan gyda Madog mewn rhagbrawf ddoe, a Manon, ymhlith sialensau eraill, yn ymarfer sut i berswadio llawer i brynu'r Cyfansoddiadau! Bûm innau'r bore 'ma'n tywys Siân Stacey a Ffion Roberts o gwmpas y maes. Mae Siân a Ffion yn swyddogion gyda'r Sefydliad Cymunedol yng Nghymru ac yma i hyrwyddo cysylltiadau â mudiadau fel Cymru a'r Byd. Ceisio perswadio Cymry i gefnogi ymgyrch Cronfa i Gymru trwy gyfrannu'n ddyngarol, philanthropig. Eisoes, mae'r apêl wedi denu cyfraniadau niferus i'r Gronfa, ac am flwyddyn bydd y Loteri Fawr yn cyfrannu punt am bunt.

Mae prynhawn Mercher yn amser te parti cyn-fyfyrwyr Aberystwyth. Cyfle i gwrdd a cheisio cofio enwau o'r gorffennol pell ac i fod yn ofalus, ar ôl gwin coch, i beidio gofyn cwestiynau rhy bersonol. Braf sgwrsio â Cardi, Ken Jones a Beryl Hughes, ymhlith nifer o rai eraill.

Wedyn, rhuthro o stondin y coleg i gefn llwyfan ar gyfer fy unig ymddangosiad swyddogol eleni. Roeddwn yno ar gyfer seremoni Tlws y Cerddor. Na, dwi ddim yn gerddor! Pan sefydlwyd Ysgol Theatr Maldwyn dros ddegawd yn ôl, fe sefydlais i, gyda chymorth parod criw bach o rieni, Gymdeithas Theatrig Ieuenctid Maldwyn. Y bwriad oedd cefnogi'r Ysgol a datblygu cyfleoedd i ehangu profiadau theatrig drwy'r Gymraeg ym Maldwyn a'r cyffiniau. Dros y blynyddoedd buom yn codi arian, gwerthu tocynnau raffl a defnyddio arian Loteri i gomisiynu sioeau cerdd a chynnal gweithdai blaen a chefn llwyfan. Ymhlith y swyddogion cynnar roedd Jill Jones, Cemaes a Hywel Jones o'r Drenewydd.

Pan gyhoeddwyd fod yr Eisteddfod i ddod i Faldwyn, penderfynasom gynnig gwobr i gefnogi creu sioe gerdd newydd. Gan fod cynlluniau i gomisiynu eisoes ar y gweill, penderfynwyd noddi Tlws y Cerddor, gyda'r gystadleuaeth yn cynnwys creu rhan ac amlinelliad o sioe gerdd. A dyma ni ar y llwyfan, Enid Thomas Jones, Trysorydd, Gwenan Jones, Cadeirydd, Sioned Lewis, Ysgrifenyddes, a minnau.

Caryl Parry Jones a Robat Arwyn – pwy gwell na'r ddau? – yn feirniaid, a sioc yn ein haros. Enillwyd y tlws gan Osian Williams, mab y diweddar Derec, un o sylfaenwyr yr Ysgol Theatr. Roedden ni, a'r gynulleidfa, wrth ein bodd ac yn falch iawn o'n penderfyniad i gynnig y wobr o £750. Gobeithio'n fawr y gwelwn ni lwyfannu sioe gerdd newydd gan Osian yn fuan.

06-08-2015

Dyhead Beryl a phawb arall i weld teilyngdod yn y prif seremonïau yn addawol. Manon Rhys wedi cael ei choroni, Tony Bianchi wedi ennill y Fedal Ryddiaith. Wyn Mason yn ennill y Fedal Ddrama a Gari Bevan o Ferthyr yw Dysgwr y Flwyddyn.

Bûm yn gwrando'n gynharach yn yr wythnos ar Dylan Iorwerth yn traddodi darlith goffa un o'm harwyr, Owen Edwards. Gwrandewais hefyd, fel y gwnes bob amser, ar fy nghyn athro Hanes Cymru a chyn bêl-droediwr o fri, Geraint Jenkins, yn traddodi darlith ddiddorol a hwyliog ar William Jones, Dol Hywel, ffarm agos i'm cartref genedigol.

Plascoch, bellach, fel Travelodge: lletywyr yn mynd a dod, anodd cofio pwy sy'n cysgu ymhle! Aeth Steffan a Rosie i Blasgwyn at Nain. Philip Griffiths o sioe y *Phantom* wedi aros yma i feirniadu cystadlaethau sioe cerdd a helpu i roi llaeth i'r llo!

Steffan wedi dianc i Lundain am glyweliad cyn rhuthro 'nôl i gymryd rhan yn seremoni'r Fedal Ddrama o dan arweiniad Carys Edwards. Cyrhaeddodd 'nôl gyda munudau i'w sbario, diolch i brydlondeb trenau Virgin ac Arriva, am unwaith.

Mwynhau cyngerdd nos o ganeuon o'r sioeau cerdd gyda Luke McCall o'r Bala yn serennu. Luke yn aelod arall o Ysgol Theatr Maldwyn sydd wedi elwa o gefnogaeth yr ysgol ac o wersi ychwanegol gan Nia Morgan ac eraill fel Mary Lloyd Davies. Mary wedi hyfforddi llawer gan gynnwys Steffan, a hynny gyda hwyl a chynhesrwydd.

07-08-2015

Pen-blwydd fy niweddar fam, Olwen, fu farw ym 1993. Cymryd munud fach gyfrinachol i gofio. Byddai wedi bod wrth ei bodd yn yr Eisteddfod.

Mae'r cartrefi a'r gwestyau wedi bod yn brysur drwy'r wythnos, ond rhai o'r siopau a'r busnesau eraill wedi disgwyl mwy o waddol. Pan fo'r Eisteddfod mewn ardal wledig a chymaint o gyfleusterau ar y Maes, a'r maes carafannau mor agos, gellir deall fod rhai busnesau'n siomedig. Nid pawb, chwaith, sy'n deall mai eisteddfodwyr yw rhai o'u cwsmeriaid. Mae eraill wedi sylweddoli fod mantais mewn cefnogi ymdrechion codi arian a noddi gweithgareddau o'r cychwyn pan roddir y gwahoddiad, gan ardal, i'r ŵyl. Nid yn ystod wythnos yr Eisteddfod yn unig y mae'r holl fuddion economaidd i'w cael.

O ran ffigyrau, gallai'r Maes fod wedi croesawu sawl mil yn fwy o ymwelwyr, er fod oddeutu 150,000 eisoes wedi cyrraedd Mathrafal. Pob lwc i drigolion y Fenni o ran denu torf fwy fyth y flwyddyn nesaf.

Cynhaliwyd cyfarfod diddorol a chartrefol ym Mhabell y Cymdeithasau heddiw. Sesiwn gwyddonwyr ifanc Maldwyn, a noddwyd er cof am Eilir Morgan, gwyddonydd ifanc fu farw mewn damwain. Roedd Eilir yn fab i ffrind ysgol imi, sef Iwan Morgan o Eifionydd. Cadeiriwyd y sesiwn gan Ffion Jones, Dolwar Fach, a rhannwyd profiadau academaidd a gyrfaol Iolo White, Pontrobert, milfeddyg yn y Trallwng, Siwan Jones, fy merch a meddyg plant yn Arrowe Park a Glan Clwyd, Leah Jones, seiciatrydd o'r Foel sydd yn gweithio yn Llundain a Tomos Jenkins, Llanfair Caereinion, milfeddyg yn yr Alban. Enghraifft arall o'r amrywiaeth gynyddol sydd ar gael ym mhebyll yr Eisteddfod.

Fy nhro i, am hanner dydd, i gadeirio sesiwn yn y Babell Lên. Cyflwyno Karen Owen i draddodi darlith ar Ann Griffiths. Mae Karen yn fardd, llenor, mathemategydd, adroddwraig a darlithwraig sy'n defnyddio cyfrifiadur a sgrin i gyflwyno'i darlith ddiddorol. Mae tröedigaeth a thanbeidrwydd Ann yn parhau'n rhyfeddod a thestun dyfalu. Y math o berson y byddai rhywun yn hoffi gwibio'n ôl mewn hanes i'w chyfarfod.

Griffiths arall, Hywel, yn ennill y Gadair, gerbron torf enfawr yn y Pafiliwn. Dyma seremoni olaf Christine James fel archdderwydd, cyn trosglwyddo'r awenau i Geraint Lloyd Owen. Mae Christine yn wraig i Wyn James, oedd yn gyd-fyfyriwr imi yn y brifysgol, ac sydd yntau'n arbenigwr ar waith Ann Griffiths.

08-08-2015

Tîm criced Cymru a Lloegr wedi llwyddo i adennill cyfres y Lludw. Cymru'n colli mewn gêm rygbi gyfeillgar yn erbyn Iwerddon yng Nghaerdydd wrth baratoi at gystadleuaeth Cwpan y Byd.

Diwrnod ola'r Eisteddfod. Bydd gweld y Maes yn dinoethi yfory'n creu hiraeth yn gymysg â diolch am yr holl ymdrech a wnaed gan gymaint i lwyfannu gŵyl genedlaethol mor llwyddiannus.

Pawb o'n tŷ ni yn y Pafiliwn i gefnogi a gwrando ar Alun yn traddodi ei araith fel Llywydd. Fo oedd y dewis amlwg fel llywydd, ac yntau'n gyn-Lywydd y Llys ac mor falch o'i wreiddiau yn Llanbryn-mair. Cafwyd araith amserol yn galw am ymdrechion i sicrhau rôl Cymru mewn datblygiadau heddwch ledled y byd.

Y stondinwyr a'r carafanwyr yn llwytho a chychwyn am adref. Llawer yn haeddu gwyliau i atgyfnerthu ar ôl yr ŵyl! Diolch i Gyngor Powys a'r arweinydd, Barry Thomas, yng nghanol ei doriadau cyllido, am eu cefnogaeth.

Parti syrpréis ym Mhlascoch nid yn unig i ni dynnu'r llen dros yr Eisteddfod ond i ddathlu pen-blwydd arbennig Betsan Powys. Pawb yn ymlacio yn yr ardd cyn i'r ddwy ddeinamo, Beryl a Marged, sugno un anadl eisteddfodol arall trwy ymweld, ganol nos, â Maes B. Diolch fod Heddlu Dyfed-Powys yno i gadw llygad arnynt!

10-08-2015

Steffan a minnau'n cludo llwyth o ŵyn i farchnad y Trallwng. Prisiau ŵyn eleni yn parhau'n isel. A oes newid sylfaenol ym mhatrwm bwyta cig ymhlith poblogaeth Prydain? Neu ai crydfer y bunt a mewnforion o Seland Newydd sydd yn gyfrifol? Rhywun yn honni fod cwymp mewn galw am grwyn o China, hefyd, yn cyfrannu at y prisiau siomedig. Ffrind imi, John Bryan, cyn-lywydd Cymdeithas Ffermwyr Iwerddon, i gadeirio gweithgor ar ddyfodol y diwydiant defaid Ewropeaidd ar ran y Comisiwn. Oherwydd prinder defaid mewn llawer o wledydd Ewropeaidd, nid yw problemau'r diwydiant wedi cael y sylw haeddiannol. Mae'n hen bryd newid pethau!

Heno, esgus buan i dreulio dau ddiwrnod yng ngwesty'r Celtic Manor ger Casnewydd. Roedd rhaid i rywun sicrhau fod Cadeirydd yr Eisteddfod yn cael seibiant haeddiannol i ymlacio. Pwy'n well na John, ei gŵr, Marged a minnau i sicrhau fod y pwll, y *massage*, y saethu laser a'r fwydlen o'r safon angenrheidiol? Cyfle hefyd i John a minnau brofi'r cwrs golff rhag ofn y bydd rhaid arallgyfeirio o gadw defaid. Safon y chwarae ddim yn fygythiad i ddiadelloedd Cwm Nant!

Cofio darllen am John Elfed Jones yn ei hunangofiant yn cyfeirio at ei rôl yn perswadio Syr Terry Matthews i ddychwelyd o Ganada i ddatblygu busnesau, fel y Celtic Manor, yn y De-ddwyrain. Dau ddyn craff yn y lle iawn ar yr amser iawn. Mae angen mwy o anturiaethwyr busnes fel Syr Terry i fuddsoddi yng Nghymru.

11-08-2015

Clywed fod David Jenkins, cyfarwyddwr yr asiantaeth elusennol Coed Cymru, wedi marw'n 62 oed. Ysgrifennu teyrnged fer iddo yn y *Western Mail*. Dyma ffrind oedd â gweledigaeth glir o botensial economaidd ac amgylcheddol coedlannau Cymru. Treuliodd ei oes yn cenhadu, yn datblygu offer a darganfod marchnad i ddefnyddio coedydd cynhenid Cymru, oedd yn cael eu hesgeuluso.

Ef, gyda criw o ffermwyr lleol, a sylfaenodd y prosiect Pompren, a gafodd wobr Ewropeaidd yn ddiweddar. Bûm yn ei gefnogi yn ei ddyddiau cynnar, tra oeddwn yn aelod o Bwyllgor Cymru y Comisiwn Cefn Gwlad, dan gadeiryddiaeth Syr Meurig Rees, Tywyn, a'r prif swyddog, Martin Fitton.

Roedd David a'i wraig, Janet, hefyd yn gefnogwyr brwd i addysg feithrin Gymraeg yn Llanfair Caereinion.

Bydd ei gyd-weithwyr yn y swyddfa yn Nhregynon a swyddogion Coed Cymru o fewn awdurdodau lleol Cymru yn ei golli'n fawr.

Diolch, David.

Yn y marchnadoedd ariannol, yr *yen* yn cael ei dibrisio wrth i ail economi fwya'r byd ddechrau arafu.

Pris diesel yn cwympo'n gyflymach na phetrol wrth i'r cynhyrchwyr ymladd am eu siâr o farchnad sy'n crebachu. Y cwymp i'w groesawu, fel defnyddiwr ynni ffosil. Bydd biliau H. V. Bowen, fy nghyflenwr lleol, yn llai am sbel,ond mae'n duedd i'r cyfeiriad anghywir os yw'r cyflenwadau'n andwyol i'r amgylchedd ac os yw'r cynnyrch i ddarfod ymhen yr hanner can mlynedd nesaf.

14-08-2015

Yr ŵyn wedi'u diddyfnu a'r mamau'n cael seibiant. Didoli'r hynaf yn ôl eu dannedd, neu ddiffyg rhai, i'w rhyddhau o'r ddiadell. Cegau rhai fel ogof yn llawn stalagmidau, eraill fel bwrdd. Bydd ŵyn benyw y llynedd yn cymryd eu lle. Dim lle i sentiment yma. Fyddai Comisiynydd Pobl Hŷn Cymru ddim yn hapus.

Trigolion y tŷ drws nesaf wedi arallgyfeirio a sefydlu Fit Ffarm sy'n cynnig cyrsiau Pilates a cherdded cyflym Nordig, ond ddim i ddefaid na minnau, eto!

Steff yn prysur dorri esgyll a dysgu lle mae'r creigiau'n cuddio! Rob yn torri silwair am yr ail waith yn rhai o'r caeau mwyaf cynhyrchiol, i sicrhau digon o fwyd dros y gaeaf.

Dwi o flaen fy ngwell. Archwiliad swyddogol rheolaidd o'r ffarm a'i chofnodion i sicrhau fy hawl i ddefnyddio'r label gwarant cynhyrchu cig. Dyma pam mae'r clawdd chwith yn fy swyddfa mor uchel a'r llew ar ei ben mor bwysig. Ysgwyd y clawdd fel coeden 'fale wrth chwilio'n wyllt am nifer o ddogfennau i brofi symudiadau gwartheg a defaid. Mae gan garcharorion a defaid dagiau electronig i olrhain eu symudiadau. Pe bawn yn cadw geifr byddai gan y rheini glychau hefyd!

Ateb cant a mil o gwestiynau ac yna taith archwilio o gwmpas y buarth i weld y twb trochi defaid a'i sleid, fel un y pwll nofio yn y Trallwng. Cerdded fel Sherlock o gwmpas trelar Ifor Williams yn chwilio am faw, brêcs a goleuadau diffygiol. Craffu ar y cwpwrdd cadw moddion i sicrhau ei fod ar glo a bod y poteli cyffuriau o fewn dyddiad cadw. Dal fy ngwynt drwy'r cyfan cyn sicrhau fod y cŵn wedi cael, ac yn ddiolchgar, am eu tabledi lladd llyngyr a bod dwysfwyd y gwartheg y tu hwnt i gyrraedd llygod. Chwysu a cheisio codi sgwrs i dynnu sylw'r ditectif ffarm oddi wrth y llo a gafodd ei eni'n ddall ac sy'n chwilio'n wyllt am ei fam yn y berllan.

Tessa, fel Poirot, yn broffesiynol ac, o'r diwedd, yn fodlon rhoi tic yn y bocs am flwyddyn arall.

Ochenaid hir o ryddhad – ddim yn annhebyg, mae'n siŵr, i ddathliadau myfyrwyr Lefel A ddoe. Dewi Humphreys, mab fy nghefnder, John, ar ei ffordd i Brifysgol Durham ac wedi gorffen ei gyfnod fel actor ar y gyfres *Rownd a Rownd*.

21-08-2015

Bore Sadwrn, ac yn ôl fy arfer, galw yn siop Wynnstay yn Llanfair am fineralau i'r gwartheg, Wynner Gold i fwydo'r cŵn ac amryw nwyddau amaethyddol eraill. Mae'r siop a'r iard bellach wedi adleoli i safle hwylusach wrth orsaf y trên bach, a'r cwmni wedi tyfu'n fusnes amaethyddol a gwledig gyda'r mwyaf o'i fath yng Nghymru a gorllewin Lloegr. Rwy'n cael gwasanaeth ardderchog bob amser gan Matt, Ceri, Elwyn a Josh. Cwsmer a gwerthwr yn cydweithio'n dda.

Galw hefyd, yn ôl fy arfer, yn siop a chaffi Rita am dorth frown. Cadw at arferiad fy niweddar dad-yng-nghyfraith. Mae'r caffi, fel y Cwpan Pinc yn Llangadfan, yn fenter fusnes breifat sy'n cynnig gwasanaeth bwyd a chwmnïaeth bwysig iawn yn ein pentrefi, yn arbennig i'r genhedlaeth hŷn.

Mis y priodasau. Anwen, Tan Bwlch, Dinas Mawddwy, merch fy nghyfnither Elen a John, wedi priodi'n ddiweddar. Tro Aeron Pugh i gofio'i linellau addewidion heddiw, James Turner a Carys Chapman yfory yn Llanerfyl a Iolo White a Louise mewn tipi ym Mhontrobert.

Gwyliais dîm pêl-droed Llanfair Caereinion, o dan arweiniad Rhys Stephens, yn chwarae eu gêm gartref gyntaf erioed yn y Cymru Alliance. Colli fu eu hanes o dair gôl i ddim yn erbyn Dinbych. Tasg anodd o'u blaen weddill y tymor gyda dau o'u chwaraewyr, Ross Frame a Matt Spencer, ar daith ar draws y byd. Siomedig yn nifer y gwylwyr. Problem gyfarwydd i lawer o glybiau bach mewn cystadleuaeth gyda Sky Sports a gwefr theatrau breuddwydion Old Trafford ac Anfield.

23-08-2015

Marged a minnau'n cael cinio rhost mochyn yn nhafarn a bwyty Cefn Coch. Yno i ddiolch i Susan Jones, sy'n ymddeol o'i gwaith fel swyddog sirol Undeb Amaethwyr Cymru Maldwyn. Yr ystafell yn llawn a Glyn Roberts, Dylasau, y Llywydd newydd, yno i gefnogi Mark Williams, cadeirydd y sir, gyda'r teyrngedau. Rhannu bwrdd gyda John a Sarah Yeomans. John yn gwmni hwyliog, pryfoclyd, ac wedi bod yn weithgar a blaengar gyda gwaith yr undeb a hyfforddiant amaethyddol, a hefyd wedi gwneud astudiaeth bwysig o sut mae incwm ei ffarm yn treiddio trwodd i fusnesau lleol. Nid wrth gyfri incwm cynnyrch ffarm yn unig mae mesur gwerth diwydiant sy'n rhan sylfaenol o economi cefn gwlad.

Glaw trwm eithriadol yn achosi i Rhodri gael damwain

wrth fynd â llwyth o ŵyn i'r lladd-dy. Rob yn ei helpu, ond bydd angen cerbyd newydd.

Marged a minnau'n gadael Cefn Coch gyda boliau llawn. Galw i edrych am Geraint Gittins, sy'n gwella o'i lawdriniaeth yn ei gartref yn Nolanog. Geraint, ymhlith dyletswyddau eraill, wedi cludo sawl cenhedlaeth o blant yr ardal yn saff i'r ysgol uwchradd.

25-08-2015
Sam (prynu ci)

I ffarmwr, mae dewis ci neu ast fel dewis gwraig – mae'n benderfyniad tymor hir, yn fuddsoddiad mewn partner.

Gall fod yn ddrud, coler yn rhatach na modrwy ond meddyg yn rhatach na milfeddyg.

Angen rhywfaint o brofiad, heb arferion drwg.

Yn bwyta popeth, clirio plât a gwrando.

Peidio cnoi na dianc na chanlyn y postmon.

Peidio cyfarth gormod na thorri corneli.

Rhaid dod i adnabod cyn mentro a byddai tystysgrif a geirda o werth.

O gwrdd â'r gofynion uchod gall ffarmwr a'i gi a'i wraig fod yn bartneriaid agos heb angen codi llais, yn ffrindiau gorau!

Cefais gyngor ychwanegol gan y bugail a'r gwladwr Erwyd Howells fod yna gi ifanc da ar werth yn Llanfihangel-y-creuddyn. Eisiau prynu un i Steff gan ei fod wedi gorffen ymddangos yn y sioe *Shrek* ac adre'n ffarmio am sbel.

Galw ar y ffordd yng nghaffi a siop Clettwr yn Nhre'r-ddôl am baned o goffi i baratoi am y bargeinio. Y caffi wedi bod ar werth am gyfnod cyn i drigolion yr ardal ddod at ei gilydd a chreu busnes cymunedol i sicrhau'r safle. Mae mentrau cymunedol yn llenwi bwlch economaidd a chymdeithasol yng nghefn gwlad ac yn tyfu o ran angen a phwysigrwydd. Sefydlwyd un debyg flynyddoedd yn ôl gan y diweddar Tom Davies a'i gyd-wirfoddolwyr yn Llanbadarn Fynydd.

Bydd angen cefnogaeth cymuned gyfan, ac ymwelwyr, os yw mentrau o'r fath i lwyddo'n gynaliadwy.

Teithio 'mlaen i Sarnau Fawr, Llanfihangel i gwrdd â Sam a'i berchennog- hyfforddwr ifanc, Rhys Lewis. Y tro diwethaf imi fod yn Llanfihangel oedd oddeutu 1969 pan aeth criw coleg ohonom o Aberystwyth i chwilio am gwrw gwahanol i rai y Llew Du a'r Marine!

Gweld Sam yn perfformio'n addawol a phenderfynu tyrchu'n ddwfn i'r llyfr sieciau. Fe wnaiff Rhys arwerthwr effeithiol!

Dychwelyd adref gydag anrheg o ffrind newydd i Steff. Bellach bydd ganddo ef Sam, tra bod Madge gan Rhodri a Lil gennyf finne – a Lil wedi'i magu, nid am ei gallu i gasglu defaid ond yn gwmni i Siwan adeg arholiadau Lefel A ddegawd yn ôl. Mae'r tri pedair coes yn udo'n blygeiniol, gystal ag unrhyw dri thenor, ond yn well pan fydd ffenestr y llofft ar gau!

Cytuno ar gontract newydd gydag Npower am ein trydan ac yn falch fod gennym y paneli solar i leihau costau.

Kay Williams a David Lush o Undeb Amaethwyr Cymru yn galw heibio i drafod prisiau yswiriant y ffarm. Tyrchu eto i'r llyfr sieciau. Mae'r clawdd biliau'n disgyn, a'r cyfri banc.

Marged yn cwrdd Medwyn Edwards o Wrecsam i ddechrau paratoi ar gyfer ymddeoliad rhannol o'i gwaith meddygol yn y Drenewydd. Medwyn yn bartner mewn cwmni, Hadlow Edwards, sy'n rhan o rwydwaith St James's

Place. Cynigiodd gyngor doeth ar ei phensiwn arfaethedig. Y straen ar feddygon teulu'n cynyddu, nifer yn ymddeol a phrinder rhai newydd, yn arbennig mewn ardaloedd gwledig.

Rhodri a Steff wedi bod yn trochi ŵyn benyw rhag haint y clafr, sydd ynddi'i hun yn broses beryglus i iechyd. Gwar Rhodri'n stiff fin nos a'i *physio*, Carwyn Davies, yn galw heibio i gynnig massage! Bugeiliaid modern yn cael pob cefnogaeth!

27-08-2015

Mynychu angladd cyn feddyg teulu, Elfed Hughes, ym Moreia, Llanfair Caereinion. Gŵr hynod o alluog, meddyg arbenigol ac aelod ffyddlon o'i gapel. Cafwyd teyrngedau teilwng gan ei blant a'i gyd-aelod, Emyr Davies.

05-09-2015

Diwrnod Sioe Llanfair a'r Cylch a gynhelir, trwy garedigrwydd Tom ac Ann Tudor a'r teulu, ar ddolydd Llysun, Llanerfyl. Marged yno, yn y babell celf a chrefft, yn sgwrsio! Dyma ein sioe leol wych, a ail-lansiwyd yng nghanol y saithdegau. Cyfrwng i arddangos cynnyrch gwledig o anifeiliaid i sandwijes. Enghraifft arall o waith gwirfoddol prysur a threfniadau trylwyr o un flwyddyn i'r nesaf.

Owain, fy mab hynaf, wedi dathlu'i ben-blwydd yn 30 oed ar y cyntaf o'r mis. Mae'n hapus iawn yn gweithio fel cyfreithiwr o dan adain Elin Morris yn S4C gan seiclo i'w waith yn Llanisien o'i gartref newydd yn Stryd Hamilton,

Pontcanna. Un o blith llawer o Gymry ifanc cefn gwlad sydd wedi adleoli i'r brifddinas.

Marged a fi, heno, ym mharti priodas Iwan Roberts ac Elin Butler yng Nghemaes, Machynlleth. Iwan yn fab i Tecs a Margaret, tîm ffotograffiaeth enwocaf Cymru, sydd yn gyfrifol am lawer o'r clawdd lluniau ar wal fy swyddfa. Mwynhau sgwrs gyda ffrindiau o Ddyffryn Dyfi, gan fod fy mam yn enedigol o'r Gribin, uwchlaw Cemaes. Hel atgofion gydag Edward Breese, Rhydygwiail, am ein gwyliau yn blant yng ngwesty Pantyfedwen yn y Borth.

Ar y ffarm mae'n gynhaeaf ŷd. Bu Dai Cyrli Evans yma ar ei gombein ddoe a chafwyd cnydau da o haidd o dan gynllun Glastir. Byddwn ar ras rŵan i ailhadu'r caeau er mwyn i'r hadau newydd o Powys Leys wreiddio cyn y gaeaf.

Rob wedi dechrau eillio'r gwrychoedd, gorchwyl na chawn ei dechrau tan y cyntaf o Fedi, er mwyn diogelu adar a phlanhigion gwyllt y cloddiau. Yn ystod blwyddyn bydd undonedd gwyrddni'r caeau'n cyferbynnu â siaced fraith lliwiau'r cloddiau. Mae'n braf cerdded rhwng y gwrychoedd fin nos i weld, arogli a gwrando. Tipyn gwell na sŵn cerbydau a mwg Rue Belliard!

Owain wedi bod ym mhriodas ei ffrind, Owain Griffiths, ym Manceinion tra bod lluniau o Steffan a Rosie ar Whatsapp yn mwynhau gwyliau ar sgwter yn Bali.

Rhys Webb a Leigh Halfpenny wedi'u hanafu wrth i Gymru guro'r Eidal. Bydd y ddau allan o Gwpan Rygbi'r Byd. Buddugoliaeth gostus iawn.

08-09-2015

Bydd hwn yn ddiwrnod hir. Codi am hanner awr wedi pedwar yn fy ngwesty, La Madeleine ym Mrwsel.

111

Hedfan o Frwsel i Milan yn yr Eidal. Teithio gyda, ac ar wahoddiad, prif swyddogion COPA, llais undebau ffermwyr Ewrop. Cymryd rhan mewn cynhadledd ar ddyfodol amaeth Ewrop, cynaliadwyedd y diwydiant a sicrwydd cyflenwadau bwyd. Rhannu'r drafodaeth gyda Meurig Raymond, Llywydd Undeb Cenedlaethol yr Amaethwyr, a'i swyddog Ewropeaidd, Gail Soutar.

Y gynhadledd yn cael ei chynnal yn adeilad y Comisiwn Ewropeaidd yn ffair y World Expo. Dyma ffair arddangos cynnyrch gwledig sydd gyda'r mwyaf yn y byd, a'i thema eleni yw Bwydo'r Blaned. Daw miliynau o ymwelwyr yma yn ystod chwe mis yr ŵyl. Mwyafrif gwledydd y byd yn arddangos. Angen pâr o esgidiau cyfforddus i droedio'r holl stondinau. Un ganolfan yn dangos, yn electronig, yr union filltiroedd amgylcheddol sy'n perthyn i bob cynnyrch bwyd, o'r ffarm i'r fforc. Dyfeisgarwch stondinwyr ac amrywiaeth y cynnyrch yn addysg werthfawr iawn.

Cynhelir yr ŵyl bob rhyw ddwy flynedd, gyda'r nesaf yn Astana, prifddinas Kazakhstan, ar y thema 'Egni'r Dyfodol'. Yn 2020 bydd yr ŵyl yn Dubai ar y thema 'Cysylltu Meddyliau'. Credaf mai Crystal Palace, Llundain, oedd cartref yr ŵyl gyntaf, 'nôl ym 1851.

Hedfan 'nôl i Frwsel a disgyn i'm gwely am hanner nos, yn ddiolchgar am y gwahoddiad i Milan. Fel yn Berlin fis Ionawr, dyw stondin y Deyrnas Gyfunol ddim yn adlewyrchiad teg o amrywiaeth ddiwylliannol amaethyddol ein gwledydd.

09-09-2015

Deffro'n gysglyd ym Mrwsel i annerch cynhadledd arall sy'n trafod y bwlch cynyddol rhwng ardaloedd cyfoethocaf cefn gwlad Ewrop a'r rhai tlotaf. Mae'r polisïau presennol yn gweithio mewn ardaloedd lle mae 'na lefel sylfaenol o brofiad a nawdd busnes ond yn cael trafferth i greu ymateb mewn ardaloedd pellennig a difreintiedig. Bydd fy adroddiad arfaethedig yn ategu hyn, ac fel y dysgais yn ystod fy nghyfnod o ddosbarthu grantiau loteri, mae angen buddsoddiad tymor hir mewn ardaloedd lle nad oes arweiniad, menter busnes na chyfoeth economaidd lleol.

Collodd Bwlgaria, er enghraifft, ddwy filiwn o'i phoblogaeth o naw miliwn yn ystod y degawd diwethaf, wrth i'r ifanc adael i chwilio am waith mewn gwledydd cyfoethocach. Hyn cyn sôn am y miloedd o ffoaduriaid tramor sy'n cyrraedd glannau Ewrop i chwilio am loches a chyfle newydd.

Hedfan adref a galw heibio fy ffarm, Trehelig, ger y Trallwng. Ateb neges fod chwech o'm hŵyn benyw Cymreig yn ddrygiog ac yn mynnu torri drwy'r cloddiau i chwilio am well cyfle trwy bori tir blasus fy nghymydog, Roy Jarman. Yr ŵyn yn dychwelyd yn anfoddog!

Miloedd o bunnoedd o ddefaid miwl wedi cyfnewid dwylo yn arwerthiant blynyddol y Trallwng. Gweld y lorïau'n eu llwytho i'w cludo i borfeydd a chartrefi newydd, o'r ucheldir.

Pawb ar grwydr!

Clywed ar ôl cyrraedd adref fod perthynas, trwy briodas, John Evans, Dolgelynen, wedi marw. John yn ei nawdegau cynnar, ac yn gawr o ddyn a thad. Bu'n ffarmio buches odro ar lannau afon Dyfi ac yn gyn-aelod dros ogledd Cymru o'r hen Fwrdd Marchnata Llaeth. Roedd yn deyrngar i'r diwydiant ac i ardaloedd gwledig, a chawsom sawl sgwrs yn rhannu syniadau ac yn dadlau am yr atebion.

17-09-2015

Daeth fy awr fawr. Wel, deg munud i fod yn fanylach, gan fod rhaglen y dydd yn rhedeg yn hwyr. Camu i blatfform y cyfarfod llawn yn adeilad Charlemagne y Comisiwn Ewropeaidd. Ceisio edrych yn hyderus a thrwsiadus. Fy adroddiad dan fy mraich ond pwy a ŵyr!

Cyflwyno NAT 661 'EU Rural Development Programmes: Sticking plasters or green shoots of recovery?' yn y Gymraeg am y tro cyntaf ar y llwyfan hwn. Pinacl wyth mis o ymchwilio, drafftio, trafod a stwffio pentwr o bapurau i'r clawdd yn y swyddfa.

Wedi teithio ymhell ers bod yn archwilio arwyddion ffyrdd Seisnig liw nos o hen gar Austin Hefin Wyn yn nyddiau coleg! Y dewis arall heddiw fyddai bod adref yn tocio cynffonnau defaid. Fy nghyd-gyflwynydd, Joana, wedi methu cael yr hawl i siarad Catalaneg ac yn siomedig iawn. Doedd dim cytundeb rhwng Llywodraeth Sbaen a'r Cyngor, yn wahanol i'r un gyda'r Deyrnas Gyfunol. Mae'n bwysig defnyddio'r hawl i roi llwyfan i'r Gymraeg. Fel y gwaedda Nigel Owens o gefn sgrym: 'Use it!'

Mair Parry-Jones a Fiona Gannon o uned gyfieithu'r Cynulliad ddaeth drosodd i'm cynorthwyo, ac roeddwn yn hyderus fod fy anerchiad mewn dwylo a lleferydd diogel.

Daeth yr ymateb cyntaf oddi wrth fy nghyd-Gymro, Peter Morgan, a gyfeiriodd, nid at yr adroddiad, ond at ei falchder, fel Cymro di-Gymraeg, o glywed y Gymraeg yn cymryd ei lle priodol ymhlith ieithoedd Ewrop, a hithau'n un o'r rhai hynaf. Nifer o siaradwyr eraill yn cefnogi'r adroddiad ac am i mi barhau gyda'r argymhellion i adolygu a mesur llwyddiant neu ddiffyg llwyddiant y Rhaglen Datblygu Gwledig. Aeth y gair olaf o'r llawr i Adalbert Kienle o'r Almaen, fu'n cadeirio'r gweithgor ac a fu mor gefnogol i mi.

Canlyniad y bleidlais oedd 194 o blaid, tri yn erbyn a saith wedi ymatal. Hwrê! Bu'n sialens lawer mwy nag a feddyliais, 'nôl ym mis Ionawr, ond cefais lawer o bleser a gwybodaeth yn ystod y broses.

Cofio am anogaeth Ann Davies, cyn drefnydd Ffermwyr Ifanc Maldwyn a Chymru, a chyn Swyddog Gwybodaeth a'r Gymraeg yn adran Gwasanaeth Iechyd Llywodraeth Cymru. Hi, 'nôl ym 1975, a'm perswadiodd i gystadlu mewn cystadleuaeth gan Gydffederasiwn Amaethyddiaeth Ewrop i ysgrifennu traethawd ar y teitl 'Sut i adfywio gwaith mudiadau ieuenctid gwledig?'

Enillais y wobr o wythnos yn Majorca, yn mynychu cynhadledd Cydffederasiwn Amaethyddiaeth Ewrop. Ynddi cwrddais â nifer o ffermwyr dylanwadol, fel Rodney Swarbrick, ddaeth yn Llywydd Cymdeithas y Tirfeddianwyr ac, yn arbennig, John Dunning o Low Chapel, Penrith. Roedd John yn arbenigwr ar bolisïau cefn gwlad ac yn gyn-aelod o Awdurdod Parc Cenedlaethol y Llynnoedd a'r Comisiwn Cefn Gwlad. Roedd hefyd yn berchennog bwyty a lle gorffwys enwog Tebay ar yr M6. Dwi'n siŵr ei fod wedi awgrymu fy enw ar gyfer fy mhenodiad mawr cyhoeddus cyntaf fel aelod o Bwyllgor Cymru y Comisiwn Cefn Gwlad ym 1980. Fel y tystia hyd a lled y clawdd yma, rwyf wedi bod yn aelod o gyrff cyhoeddus yn ddi-dor ers hynny.

Roedd teitl y traethawd ym 1975 yn agos iawn at awgrymiadau'r adroddiad heddiw, a chanddo gysylltiad Ewropeaidd hefyd. Ddeugain mlynedd yn ddiweddarach mae llawer o'r problemau gwledig yr un fath. Minnau'n deall yn well, er yn llai radical. Diolch fod yna ysbryd a pharodrwydd i fentro ymhlith teuluoedd ifanc o hyd, a thrwy'r Cynlluniau Datblygu Gwledig mae 'na strwythur i'w cefnogi.

19-09-2015

Rhodri a Siwan ym mhriodas Mared a Dylan yn eglwys Llanerfyl, ac yna ar ffarm Tŷ Mawr, Mallwyd.

Troi tarw bach ifanc Saler o'r enw Aron at heffrod. Magwyd y tarw ar y ffarm ac fe'i cofrestrwyd yn bedigri a'i enwi ar ôl fy ŵyr, Aron!

Ychwaneg o genhedlu wrth imi droi hyrddod at y defaid miwl. Tymor arall ar ddechrau. Bu'n waith anodd cadw'r hyrddod un ochr i'r clawdd i aros am eu cyfle, gyda'r defaid yn temtio'r ochr arall.

Newydd-ddyfodiad arall yn cyrraedd, sef Land Rover gan y Brodyr Hughes, Croesoswallt. Mae'r cerbyd traddodiadol, amaethyddol yma'n dod i ben, wedi'i ddisodli gan gerbydau Siapaneaidd. Balch 'mod i wedi archebu un mewn pryd.

Gemau rygbi Cwpan y Byd wedi dechrau a sioc gyntaf y twrnameint heddiw wrth i Siapan, heb eu cerbydau Nissan a Honda, guro De Affrica o 34 pwynt i 32.

Huw Francis, Llanfyllin, wedi cael damwain ddifrifol yng nghanol gyr o'i wartheg ar ei feic pedair olwyn Kubota Mule. Bydd angen cyfnod hir i wella ac yntau wedi bod yn brysur fel un o brif stiwardiaid yr Eisteddfod, ac yn haeddu diwedd haf o wyliau.

Damwain arall: cefnder Marged, John Tir Newydd, wedi torri asgwrn dan ei ben-glin, nid wrth neidio oddi ar ei feic ond oddi ar ei geffyl. Pwyll piau hi wrth fynd yn hŷn!

28-09-2015

Mynychu cyfarfod o ymddiriedolwyr y Sefydliad Cymunedol yng Nghymru yn yr Hen Lyfrgell yng Nghaerdydd. Prif bwrpas yr elusen, sydd a'i gwreiddiau yn yr Unol Daleithiau, yw hyrwyddo a hwyluso rhoddi dyngarol. Mae gennym dîm bychan o staff gweithgar o dan arweiniad Liza Kellett, prif weithredwraig sydd gyda'r gorau yng Nghymru.

Janet Lewis-Jones o Aberhonddu, un o gyn-lywodraethwyr y BBC a chyn-aelod o Awdurdod S4C, yw ein cadeirydd doeth. Rydym yn gyfrifol am oddeutu £11 miliwn o roddion teuluol ac unigol a chronfeydd arian dyngarol hanesyddol. Byddwn yn dosbarthu grantiau i drawsdoriad eang o fudiadau gwirfoddol drwy'r is-bwyllgor grantiau, o dan gadeiryddiaeth brofiadol Sheila Maxwell.

Un o'r cronfeydd buddsoddi yw'r Gronfa i Gymru, sy'n agored i gyfraniadau gan Gymry ledled y byd. Buom ym Mrwsel y llynedd i hyrwyddo'r gronfa i'r Cymry sy'n byw a gweithio yng Ngwlad Belg. Cafwyd cefnogaeth swyddogion Llywodraeth Cymru ac agorwyd y noson gan Geoffrey Shuman o gwmni Airbus. Bu un o'n staff, Siân Stacey, yn yr Amerig gyda'r un bwriad o godi ymwybyddiaeth.

Mae sefydlu ffynhonnell o arian annibynnol i gefnogi gwaith elusennol yng Nghymru yn waith pwysig. Rydym yn brin o gwmnïau rhyngwladol gyda'u prif swyddfeydd yng Nghymru, ac felly'n brin o fuddsoddwyr dyngarol, gydag eithriadau fel cronfa'r Arglwydd Merthyr, cwmnïau fel Laura Ashley ac Admiral ac ymddiriedolaeth Waterloo. Cawsom grant gan Lywodraeth Cymru i ddatblygu'r gwaith a chefnogaeth hael gan y Loteri Fawr i bartneru punt am bunt hyd y miliwn o bunnoedd cyntaf. Gobeithiwn gyrraedd y targed erbyn haf 2016.

Heddiw mae un o aelodau cynharaf yr elusen, Julien Smith o Abertawe, yn ymddeol wedi blynyddoedd o fewnbwn gwerthfawr.

* * *

Gartref ar y ffarm mae Robert yn parhau i eillio'r gwrychoedd ac yn rhoi gwers i Steffan. Mae eillio neu 'frwsio' gwrychoedd ar ochr ffyrdd culion yn gofyn am sgiliau a gofal arbennig ac mae gennym filltiroedd o wrychoedd i ofalu amdanynt. Maent yn lloches bwysig i fywyd gwyllt ac yn rhan o'n tirlun hanesyddol. Fedra i ddim ond edmygu cryfder a sgil ffermwyr a'u gweithwyr fu am flynyddoedd cyn oes peiriant pwrpasol yn brwsio'n gyson daclus am ddyddiau gyda chryman. Crefftwyr celfyddydol, tebyg i'r diweddar Dafydd Davies, Coedtalog, Llanerfyl, Morus Evans, Ty'n Rhos, Dolanog, a'n taid, oedd yn esbonio fod rhai o'i wrychoedd yn llai taclus wrth iddo osgoi nythod cacwn!

02-10-2015

Wedi gorfod casglu'r holl wartheg i mewn, yn dymhorol gynnar, i gynnal prawf TB arall. Bydd Iolo, y milfeddyg, yn ôl eto 'mhen pedwar diwrnod i arolygu'r prawf, sy'n golygu ailgasglu anifeiliaid fydd yn llai awyddus fyth i gael eu cornelu. Sut yn y byd wnaeth ein cyndeidiau gerdded gwartheg o'u ffermydd i Lanfair Caereinion, a'u llwytho ar drên fyddai'n eu cludo i borfeydd yr isel diroedd i'w pesgi?

Y teulu wedi teithio i Bontyberem a chapel Seion, Drefach, i gefnogi Gwyn Elfyn, tad Rhodri, yn ei wasanaeth ordeinio fel gweinidog. Gwyn, wedi gyrfa lwyddiannus fel actor, bellach yn dilyn ôl troed ei dad. Ni fydd yn brin o waith. Y Parch. Guto Prys ap Gwynfor, ffrind da i mi ers dyddiau coleg, yn llywyddu.

03-10-2015

Tymor chwaraeon y gaeaf wedi hen ddechrau. Steff yn y gôl i'r Trallwng wrth iddynt golli i Dywyn-Bryncrug. Teimladau cymysg wrth gefnogi, gan i mi fynd i'r ysgol yn Nhywyn a'm bod yn adnabod rhai o'r cefnogwyr.

Owain bellach wedi ymddeol o chwarae fel gôl-geidwad i glwb Cymric yng Nghaerdydd ac yn canolbwyntio ar ei ddyletswyddau fel tad. Dau fab sydd wedi cael llawer o bleser cystadleuol, fel finnau, yn cicio pêl ar Sadyrnau llencyndod.

Rhodri, ar y llaw arall, wedi ennill capiau rygbi dros ysgolion Cymru ac wedi dechrau hyfforddi clwb rygbi COBRA ym Meifod. Colli fu ei hanes yntau heddiw hefyd, yn erbyn Caernarfon.

Ond y golled bwysicaf heddiw oedd yng Nghwpan Rygbi'r Byd. Lloegr yn colli'n drwm i Awstralia o 33 pwynt i 13, ac felly allan o'r gystadleuaeth ar eu tomen eu hunain. Cymru trwodd i'r rownd nesaf!

04-10-2015

Yn ôl fy arfer, mynd â 58 o ŵyn i'r lladd-dy yn Llandinam fel rhan o'r bartneriaeth gyda Dalehead Foods ac archfarchnad Waitrose. Partneriaeth rhwng nifer fawr o ffermwyr Cymru a ddechreuwyd gan Philip Morgan, un o gyn-swyddogion Waitrose. Wedi treulio'r bore'n dewis yn ofalus, bodio a phrocio cefn a chynffon i geisio dyfalu lefel y braster. Rhaid i'r ŵyn gyrraedd y safon uchaf bosib i gael y pris gorau. Yn eironig, beth bynnag yw'r safon, fydd y pris yr adeg yma o'r flwyddyn ddim yn uchel, a phrin y bydd yn clirio costau oherwydd y niferoedd uchel a gaiff eu gwerthu yn yr hydref. Tydi marchnad lawn a phunt gryf, sy'n anneniadol i allforio, ddim yn bartneriaid da.

Siwan, Rhodri, ei frawd Rhys a'i gariad Esyllt yn magu awch, gobeithio, am gebab neu ddau trwy redeg yr hanner marathon yng Nghaerdydd, tra bod Brendan Rodgers wedi colli'i ras fer fel rheolwr tîm pêl-droed Lerpwl. Amynedd perchnogion a chefnogwyr yn fyr mewn cystadleuaeth lle mae ennill yn bopeth. Meddwl am ddoethineb a dyfeisgarwch ci bach Jessica Ennis-Hill yn yr hysbyseb deledu Vitality Insurance, yn fy atgoffa mai gan bwyll mae mynd ymhell, ac o'r dywediad: 'Os am fynd yn gyflym cerdda ar dy ben dy hun; os am fynd ymhell cerdda mewn cwmni.'

06/07-10-2015

'Nôl ym Mrwsel. Tymor newydd yn dechrau fel tymor ysgol. Cofrestru a thynnu llun ar gyfer fy mhasbort diplomataidd. Cael fy ailethol i Bwyllgor Gwaith (Biwro) yr Adran Amaeth, Datblygu Gwledig a'r Amgylchedd (NAT). Brendan Burns o'r Alban, yn ei gilt traddodiadol, yn gadeirydd ac yn dilyn Dilyana Slavova o Fwlgaria, fu'n gadeirydd effeithiol a chefnogol i mi. George Dassis yn cael ei ethol yn Llywydd y Pwyllgor Economaidd a Chymdeithasol am y ddwy flynedd nesaf. George yn Roegwr ac yn cynrychioli Grŵp y Gweithwyr.

Swper fin nos yn yr Armes de Bruxelles gyda fy nghyd-aelodau o'r Deyrnas Gyfunol i gyfarfod yr aelodau newydd. Colli'r hen ffrindiau ond cwrdd rhai newydd, fel Graham Watson, cyn-aelod o Senedd Ewrop, ac Irene Oldfather, cyn-aelod o Senedd yr Alban. Hefyd Cymro newydd, Amarjit Singh, o Undeb y Gweithwyr Cyfathrebu (CWU).

10-10-2015

Gartref, ac yn ôl yn fy welingtons. Troi nifer o hyrddod Texel at y defaid miwl ifanc. Roedd rhai eisoes wedi'u troi at y defaid hŷn bythefnos yn ôl. Traed pob un wedi cael *pedicure* ac archwiliad o'r rhan bwysicaf o'u cyrff, i fod yn addas i bwrpas! Cadw rhai, siomedig, yn ôl fel eilyddion ar fainc bêl-droed, i ymuno ar y cae pan fydd y dewis cyntaf yn dangos arwyddion o flinder, syrffed neu ddiogi. Cynllunio i ofalu na fydd gormod o enedigaethau yr un pryd fis Mawrth a chladdu bugeiliaid dan don o wynlithriad.

Trochwyd y defaid yn gynharch mewn twb o ddŵr a chemegyn, i'w diogelu rhag y clafr. Dyma haint arall sy'n anodd iawn i'w reoli ac sy'n galw am fwy o fuddsoddi ymchwiliol i feddyginiaethau effeithiol, diogel i anifail, bugail a chwsmer.

Treulio'r pnawn ar gae Morfa yn gwylio Banw'n colli 3-1 i'r Borth. Defaid Glyn Caelloi yn y cae cyfagos yn gwbl ddi-hid o ddynion canol oed yn gweiddi-weddïo a phledio annhegwch gyda'r dyfarnwr, a'r chwaraewyr ifanc fel cŵn hela'n rhuthro'n hwyr ar ôl llwynog o bêl.

Fel Cymry, rydym yn arbenigwyr ar ymgodymu â cholledion, yn optimistiaid fel yr hen dywysogion Cymreig, na wyddent byth sut i ildio. Heddiw, Cymru'n colli mewn dau faes. Colli i Awstralia 6-15 yn y rygbi ac o 2-0 i Bosnia ar gae pêl-droed. Colli ond ennill hefyd gan fod tîm Chris Coleman wedi cyrraedd rowndiau terfynol cwpan Ewrop yn Ffrainc y flwyddyn nesaf. Dwi'n siŵr fod Owain a'i ffrindiau'n prysur archebu tocynnau a threfnu teithiau.

Draw yn Ankara, Twrci, cyflafan lwyr wedi i ddau fom ffrwydro a lladd oddeutu 95 o bobl. Merthyru dinasyddion oedd yn protestio o blaid heddwch.

12-10-2015

Yn flynyddol, bellach, mae Marged a minnau'n dathlu pen-blwydd ein priodas gyda John a Beryl Vaughan, gan i ni briodi o fewn tair wythnos i'n gilydd ym 1980. Eleni, aros noson gyda ffrindiau, Ifan a Kit Ellis, ar eu ffarm, Llwyndyrys, ger y Ffôr, Pwllheli. Ifan a Kit wedi arallgyfeirio rhai o adeiladau'r ffarm yn fythynnod cyfforddus, safonol. Marged a minnau'n aros yn y Twlc Mochyn. Neb yn rhochian ynddo bellach! Cawsom swper blasus a hwyliog yn nhŷ bwyta Dylan's yng Nghricieth wrth baratoi am y fordaith drannoeth i ynys Enlli.

Colin Evans yn ein cludo'n saff drosodd i'r ynys. John a Sian Jones, gynt o'r Glyn, Dolanog, wedi ymuno â ni yn gwmni da. Yna cwrdd y gyfarwyddwraig newydd, Siân Stacey, wrth lanio. Arferai Siân weithio gyda mi i'r Sefydliad Cymunedol pan oedd yn arwain prosiect Cronfa i Gymru. Mae'n berson ymroddgar ac yn dechrau gyrfa newydd a gwahanol iawn, er y bydd ei sgiliau codi arian o werth i Ymddiriedolaeth Enlli.

Fel y gŵyr pawb sydd wedi ymweld â'r ynys, mae 'na hud a thawelwch arbennig yma. Heddiw, mae'n braf, a'r anifeiliaid yn drwchus wedi haf tyfadwy ac yn pori'n ddi-hid rhwng cloddiau sy'n dyst i batrwm canrifoedd o hwsmonaeth hunangynhaliol. Mae nifer o ddisgyblion ysgol yma i ddysgu, yn yr hen ysgol syml, am hanes a chwedloniaeth y seintiau a'r brenhinoedd hunaneneiniedig, a chael dianc am ddiwrnod o'u hysgol fodern draw ar y tir mawr.

Cawsom bicnic a chyfle i feddwl yn y capel bach, a hynny i gyfeiliant John ar yr organ, gan mai ef yw prif organydd capel Gosen gartref yng Nghwmnantyreira! Edrych hefyd ar y cloddiau claddu a beddau'r canrifoedd diweddaraf wrth i'r ysgrifen o goffadwriaeth ddiflannu yng ngwyntoedd a stormydd y gaeafau. Rhyfeddu'n sgeptig at yr honiad fod ugain mil o seintiau, mynaich a gwŷr da wedi eu claddu yma. Er mor ddedwydd y fynwent, mae'n anodd coelio fod cymaint wedi llwyddo i groesi'r môr at ddiwedd oes. Roedd y fordaith fer yn ôl yn fwy tymhestlog ac yn ychwanegu at yr amheuaeth. Mae'r Tomos yma eisiau gweld y prawf. Rhaid imi holi Siân Stacey eto. Ond diwrnod i'w gofio oedd hwn.

16-10-2015

Ffrind, Roy Norris, yn galw heibio am baned a sgwrs. Roy oedd cyfarwyddwr cyntaf Swyddfa Cymru Bwrdd Elusennau'r Loteri Genedlaethol, a buom yn cydweithio fel cadeirydd a chyfarwyddwr yn hapus iawn o 1994 i 2000. Pan sefydlwyd y Loteri Genedlaethol doedd dim swyddfa na staff yn Llundain na Chymru. Cefais y fraint, gyda'm cyd-aelodau Cymreig cyntaf, Linda Quinn a June Churchman, o gyflogi Peter Bryant, dros dro, o Gyngor Gweithredu Gwirfoddol Cymru, yna Anna Orton, Alwena Howells ac wedyn Roy, fel cyfawyddwr parhaol. Penderfynwyd nad yng Nghaerdydd ond yn y Drenewydd y dylai'r swyddfa fod, er mawr syndod i'm cyd-aelodau o'r gwledydd eraill. Roeddem am ddangos fod digon o weithwyr profiadol, fel Richard Beale a Doug Green, fu'n gweithio i'r cyn Fwrdd Datblygu Gwledig, gyda'r sgiliau cymwys i asesu ceisiadau am grantiau ar gael yng nghefn gwlad, fel yn y ddinas. Mae'r swyddfa'n parhau i fod yn Nhŷ Ladywell, yn brawf o'r ffydd oedd gennym, er fod swyddfa arall, bellach, yng Nghaerdydd. Yn ddiweddarach daeth Ceri Jenkins o Bontrhydfendigaid atom fel swyddog gwybodaeth a dewisiwyd swyddfa Cymru fel peilot i gynllun y Grantiau Bach, fu o gymorth pwysig i gannoedd o fudiadau gwirfoddol bychan yng Nghymru.

Fel cadeirydd Cymru cefais bob cefnogaeth gan Syr David Sieff, y cadeirydd Prydeinig cyntaf, a chan ei olynydd, y Fonesig Diana Brittan. Dysgais lawer oddi wrth fy nghyd-aelodau ar y Bwrdd Prydeinig am anghenion cymhleth elusennau gwahanol a'r gwahaniaeth rhwng prosiectau cynaliadwy a rhai gor-fentrus. Un o'r aelodau ieuengaf ar Bwyllgor Cymru oedd Aled Siôn ddaeth, yn ddiweddarach, yn Brif Swyddog Eisteddfod yr Urdd.

Bûm yn teithio ledled Cymru yn cwrdd a dysgu a rhyfeddu at waith amrywiol wirfoddolwyr, a dosrannwyd oddeutu £96 miliwn o arian Loteri i elusennau Cymreig yn y cyfnod hwnnw. Credaf fod y sector gwirfoddol wedi dysgu llawer, hefyd, am sut i weithio'n dryloyw o fewn eu cyfansoddiad, yn effeithiol ac yn atebol gyda grantiau. Mae'r gwaith, bellach, yn nwylo'r Gronfa Loteri Fawr ac yn parhau i fod yn ffynhonnell bwysig o nawdd annibynnol i'r sector.

Fe gymerodd sawl paned, a'r cacennau i gyd, cyn i Roy a minnau orffen cnoi cil ar yr atgofion.

17-10-2015

Daeth ymgyrch rygbi Cymru yng Nghwpan y Byd i ben wrth i'r tîm, heb nifer o'u prif chwaraewyr clwyfus, golli i Dde Affrica, 23-19. Buont yn gystadleuol trwy gydol y gystadleuaeth, ond mae lle i boeni am sefyllfa fregus ein meithrinfa dalent ymhlith y clybiau traddodiadol.

Meddygon ifanc Lloegr yn bygwth streicio yn erbyn cytundeb gwaith newydd, sy'n cynnwys gweithio penwythnosau o dan amodau annerbyniol. Meddygon

Cymru yn falch fod eu cytundeb hwythau wedi'i ddatganoli.

Siwan wedi llwyddo yn ei harholiad meddygaeth plant diweddaraf. Teimlo fel nad oes diwedd i'r gyfres o arholiadau mae meddygon ifanc yn eu hwynebu.

Ar y ffarm, pawb yn prysur ffensio i gwblhau gofynion cynllun amaeth-amgylcheddol Glastir Uwch. Cymydog da, Tudor Gittins, yn cynorthwyo ac yn dysgu llawer i Steffan yr un pryd. Dyma brentisiaeth werthfawr, addysg ymarferol, a hynny gartref ar y ffarm.

20-10-2015

Yma tan pryd?

Bore. Amser codi. Dim angen cloc. Mae'n chwech a dwi'n codi am chwech bob dydd fel ceiliog, er nad oes 'run ar y buarth bellach. Mae mewn sied wedi'i sbaddu efo ugain mil arall dybiwn i.

Codi am fod gen i lawer i'w wneud. Codi'n fore am fod yn well mynd o dywyllwch nos i haul bore na gweithio i mewn i lwnc cysgodion. Dwi wedi ffarmio ar hyd fy oes. Doedd dim dewis arall. Roedd eistedd arholiadau'n artaith, felly bugeilio amdani. Mae gwaith ffarm yn dôn gron o fagu a chynaeafu'r tymhorau, cylchdroi gorchwylion yn ddi-ben-draw, a'r cwyno, i gymysgu idiomau, yn dod efo'r tun. Ond, os 'di'r gwaith yn ddiddiwedd, sut mae gwybod ble i ddechrau? Gwell i mi flaenoriaethu cyn symud o'r gwely.

Hollt liwgar yn y cyrten yn awgrymu niwl hydrefol. Gallaf weld y tywyllwch yn twyllo, diferu ar y tail o ddail yn y buarth. Os mai tŷ yw castell y Sais, yna'r buarth, ei seiliau a'i waliau cerrig yw caer y ffarmwr; gorsaf pob cychwyn a gorffen dyddiol. Mae pob ffarmwr synhwyrol yn gallu gweld ei fuarth o'i ystafell wely, hyd yn oed os yw hynny'n golygu cysgu yn yr ystafell gefn. Does dim ffraeo-llofft mewn buarth, dim cega plant, dim sgrech-orchymyn i 'sychu traed'. Rhaid gwylio a gwrando rhag ofn fod anifeiliaid yn dianc, rhag ofn fod dihirod yn dwyn liw nos. Mae'r buarth yn lloches i anifeiliaid, yn warchodfa i feddyliau'r gofalwr, ond weithiau'n ynysu syniadau newydd. Gweithdy yw, heb gloc larwm i werthuso; lle i gnoi gwelltyn a phrysuro'n hamddenol.

Fedra i ddim gweld fy muarth y bore 'ma. Y niwl yn rhy drwchus. Mae'r cysgodion hir yn amlinellu'r cloddiau caregog sy'n gylch o gwmpas yr adeiladau. Cloddiau cenedlaethau wedi magu mwsog; cerrig o dan dyweirch yn capio a sugno'r glaw. Hebddynt byddai'r gwynt dwyreiniol yn hollti gwar a rhewi trwyn.

Yr ochr yma i'r cloddiau mae pwll yr hwyaid a chafn haearn hir i ddŵr y gwartheg. Y twlc mochyn, bellach, yn focs *sentry* i Mot, sy'n tagu ar ei dennyn wrth gyfarthwarchod. Mae 'na drwmbel yn y gadlas, wagen ac arad ungŵys yn y certws, a'r hen Ffyrgi llwyd yn rhynnu ar ben ucha'r buarth, yn ysu am fatri newydd i arbed y gwthio dyddiol dros y coblau amrwd i'w gychwyn. Rhaid imi wneud rhywbeth, heddiw nesaf!

Tu fewn y cloddiau, ar fore o eira, mae ôl troed llwynog yn brawf iddo chwilio'n aflwyddiannus am ddrws cilagored i'r cut ieir, tra bod yr hwyaid eisoes wedi martsio'n golofnsosej o draed gwe o'r llyn i'r sgubor am frecwast llawr dyrnu. Y fenyw foliog ar y blaen yn chwilio am le i nythu a swatio pen-mewn-plu, fel sliperi Taid, a'r gwryw, fel cogie nos Sadwrn, yn ymladd am hawl i feichiogi. Heddiw mae'r niwl, fel llen llwyfan, yn cuddio'r ddrama feunyddiol.

Tu draw'r cloddiau mae anialwch o bopeth nad oes mo'i angen tu fewn. Tref sianti o hen gortyn bêls, hen weiren bigog, pyst wedi pydru, cribin wair heb ddannedd, coes brwsh, brych lloio a beindar wedi'i gladdu yn ei wely ei hun. Y cyfan wedi'i daflu, heb gydwybod, o dan garped y dalan poethion. Pentwr o greiriau'n rhydu, cyn bod sôn am groes-ymrwymo cynlluniau amaeth-amgylcheddol a lloeren-gweld-popeth! O ben coeden mae brain yn sbienddrychio dros y clawdd, fel gohebwyr yn loetran am sgŵp, yn barod i ddiberfeddu unrhyw oen gwanllyd ac i loddesta ar wendid dafad. Yng nghanol creulondeb a rhyfeddod natur, welais i 'rioed frain yn pi-pi!

Y ffald yw'r rhan agosaf at y tŷ. Sgwâr o goncrid amrwd gyda charreg falu o'r felin a photyn blodau arni, yn gwahodd ymwelwyr pwysig a chasglwyr arian hen filiau o'r buarth am baned.

Mae'r niwl yn codi. Gyferbyn â'r ffenestr mae'r beudy bach a'r beudy cornel a'r ferfa'n gwneud *handstand* rhyngddynt. Yna rhes o adeiladau cynorthwyol – y bing a'r reil, y llawr cneifio, y cowlas ac, uwchben y ddau feudy, y daflod o wair rhydd, llychlyd, a'i thenantiaid yn mewian chwarae. Dim rhyfedd fod gen i asma a pheswch!

Yn y beudy cornel mae tasg gyntaf y diwrnod yn fy aros. Carthu-rhaw y tail cynnes o dan gynffonnau'r buchod du corniog. Does dim godro bellach, dim llaeth enwyn yn y bwtri. Mae'r oes yn newid a finnau efo hi, siŵr iawn! Y buchod yn cnoi cil fel pistonau injan drên. Pob un ynghlwm i'r aerwy. Rhai blonegog yn chwysu a'r gwlith ar eu cefnau'n sgleinio fel serod wrth i haul bore oleuo'r cwiriau pren. Lloi yn y pen draw yn aros yn ddiamynedd am eu brecwast, a'r cathod yn aros i sugno'r ewyn o'r llawr. Does dim gwastraff yma.

Yn y beudy bach mae'r byddigion pedigri'n gorwedd fel hipos. Erfyl Alwena'r Chweched yw brenhines y sioeau; Dolores y cylch beirniadu. Ei siâp yn berffaith; pob cyhyr ac asgwrn yn ei le. Ond yn y cut lloi mae ei llipryn llwyd yn cael ei hanner magu. Welith o 'run sioe rhag dwyn anfri ar ei fam ddi-hid. Pob un yn gorwedd yn hamddenol braf ac eithrio'r heffer wrth y drws. Dydi hi ddim wedi ildio i'r gaethwasiaeth eto ac mae'n anesmwytho wrth glywed sŵn troed y postmon neu ganu corn difeddwl y Gwyddel sy'n gwerthu paent a sboners. Fe ddaw i arfer.

Heddiw, unwaith y flwyddyn, rhaid glanhau'r buarth ar gyfer y cyfarfod diolchgarwch a the'r pregethwr. Sgen i ddim *pressure washer* ar gyfer concrid llyfn, ond brwsh, fforch a rhaw i gribinio, fel glanhau dannedd, rhwng y cerrig gleision. Bydd y fforch yn gwreichioni, y rhaw yn clecian wrth i ambell ddeilen tafol styfnigo i ddal at ei gwreiddiau. Gorchwyl galed i bensiynwr, a'i ddwylo creithiog a'i gefn gwydn, cam, i blesio'r archwilwraig mewn ffedog yn y gegin gefn.

Reit 'te, estyn am y trywsus. Gwaelod hen siwt briodas a arbedwyd i gael gwerth fy arian. Dwy boced, un efo cyllell, punt a chortyn, a'r llall efo twll. Gwisgo ychydig yn feddw a gweld sêr ar lawr wrth wisgo sanau glân, fyddai'n llawn hadau gwair fel arfer. Rhaid bod Marged wedi cael golchfa ddoe. Dwi'n ddigon hen ffasiwn i beidio golchi na choginio rhyw lawer, ac yn gwerthfawrogi bod yn stereoteip.

Crys lymbyrjac o siop elusen, efo lle i ddau wrth i'r cyhyrau 'ma deneuo. Dillad cartrefol yn fy atgoffa i mi, pan oeddwn yn blentyn, gopïo Dic Tan Gors, oedd bob amser efo sach driongl ar ei 'sgwyddau wedi'i ffasno efo pin clip. Yn y glaw roedd y sach fel rhidyll ar fy nghefn, a da i ddim i rwystro'r llifeiriant i lawr fy ngwar.

Ond yn ôl at y blaenoriaethu wrth droed y gwely. Be sydd raid ei wneud ar ôl carthu? Diolch fod John wedi gadael am borfa well, er mai concrid yw pridd ei swyddfa yn Llundain. Doedd dim lle ar y buarth i'r hen a'r ifanc, y ddoe ac yfory yn yr un presennol.

O ie, symud y defaid Texel – y bareli gwlanog, moethus – o'r weirglodd i'r waun 'Weight Watchers' i deneuo tipyn. Yna edrych oes 'na fuchod yn gofyn tarw. Mae gen i broblem sef bod yr hen darw, fel fi, heb fawr o awydd sgorio bellach na llawer o syniad ble mae'r gôl! Mae 'na darw newydd, drud drws nesaf. Tarw cymydog ifanc, prin. Y tarw a'r ffarmwr â ffigyrau perfformio cyfrifiadurol. Newidiwyd enw'r ffarm o Esgair Llyn i 'Water Heath' ar gyfer marchnata'r 'sguboriau yn gartrefi gwyliau. Mae 'na iwrts yn y weirglodd. Diflannodd y buarth yn 'yard' a heb y cloddiau cerrig mae'n rhyw *drive-through* McDonalds i'r tri chant o fuchod Holstein 'sgyrnog, gyda geirfa newydd o giwbicyls, slats a *herringbone*. Cododd clawdd o flynyddoedd di-sgwrs rhyngom wedi i mi wrthod gwerthu tir iddo.

Mewn niwl, gallaf agor y giât i'r tarw'n ddamweiniol!

Mae'n ddiwrnod marchnad ar y calendr. Diwrnod i fynd â hen anifeiliaid i'r gornel olaf. Bydd Mot, fel arfer, er ei fod yn hanner dall, yn egnïol barod i'w hel ac yn siomedig os na chaiff eistedd yn sêt flaen y Land Rover efo mi. Dyma ein hunig bererindod wythnosol tu hwnt i'r cloddiau. Rhaid cofio siafio.

Clymu'r belt, sy'n twyllo, am fy nghanol i gadw'r bol rhag hongian ei berfedd dros fy nhrywsus, a chwilio o dan y gwely am fy nghap coch Cymru. Gobeithio fod hwnnw heb ei olchi hefyd. Sut medra i ffarmio efo pen moel?

'Helô!'

Mae 'na rywun wrth y drws.

'Pwy sy 'na?'

'Bore de, Mr Jones, sut 'dech chi bore 'ma? Wedi dod â phaned a thabledi i chi, a phâr o byjamas glân.'

23-10-2015

Taith drist i Wrecsam i wasanaeth coffa Marjorie Dykins yng nghapel Bethel. Cyflwynwyd teyrngedau teilwng gan nifer, yn cynnwys ei merch, Jane Dodds, a'r Aelod Cynulliad Aled Roberts. Marjorie oedd fy rhagflaenydd fel cadeirydd WCVA, Cyngor Gweithredu Gwirfoddol Cymru. Fel y cyfeiriais yn gynharach yn y llyfr, WCVA yw'r elusen sy'n llais democrataidd i holl elusennau Cymru, yn eiriol drostynt, yn cynnig arweiniad, cyrsiau hyfforddi a gwasanaethau amrywiol. Bûm yn gweithio'n agos gyda Marjorie ym 1999-2000 wrth iddi drosglwyddo'r gadair i mi.

Roedd hi'n wirfoddolwraig weithgar, effeithiol a heriol. Bu'n lladmerydd cryf dros y sector gwirfoddol yn lleol yn Wrecsam ac, ymhlith ymrwymiadau eraill, yn arweinydd cenedlaethol Cymdeithas Cylchoedd Chwarae Cyn-ysgol Cymru a'r WCVA. Hynny mewn cyfnod lle roedd newid mewn agwedd tuag at y sector, o'i ystyried fel un amatur, llawn brwdfrydedd ond heb lais i un a chanddo lais cynrychioliadol, trefn atebol a'r gallu i greu busnesau cymdeithasol. Gwelodd y cyn Brif Weinidog, John Major, botensial y 'catrawdau bach' i weinyddu gwasanaethau cyhoeddus mewn mannau ac i garfanau o ddinasyddion lle roedd cyrff cyhoeddus yn methu. Yng Nghymru, roedd gwleidyddion fel Alun Michael, Jane Hutt, David Melding, Simon Thomas, Helen Mary Jones, Mick Bates ac Eleanor Burnham, ymhlith nifer o rai eraill, yn gwbl gefnogol i'r bartneriaeth rhwng gwleidyddion a'r sector. Partneriaeth a nyddwyd yng Nghyfansoddiad y Cynulliad; ymrwymiad i barchu gwirfoddoli a datblygu'r potensial.

Gwnaeth Marjorie a Graham Benfield, y prif weithredwr, gyfraniad anferth i wireddu'r weledigaeth ac arwain y sector drwy'r datblygiadau y bûm yn ffodus i'w hetifeddu'n ddiweddarach.

24-10-2015

Cymrodoriaeth Powys yn cynnal seremoni yn y Trallwng i gyhoeddi y bydd yr eisteddfod nesaf yng Nghroesoswallt, fis Gorffennaf 2016. Ni chynhaliwyd eisteddfod eleni oherwydd bod yr Eisteddfod Genedlaethol ym Mathrafal. Mae cynnal eisteddfod daleithiol flynyddol yn mynd yn dasg anoddach, a diolch i Gymry ardal Croesoswallt am eu parodrwydd i fentro ac i'r Gymrodoriaeth, o dan gadeiryddiaeth Beryl Vaughan, am gyfrannu'n sylweddol at y trefniadau. Fel dirpwy dderwydd gweinyddol roedd gen i ddiddordeb arbennig mewn craffu ar ddyletswyddau Huw Ceiriog, y Derwydd presennol.

25-10-2015

Cristnogion Penllys, Peniel a Phontrobert wedi mynd ar eu taith flynyddol, y tro yma i Drefnant, Dyffryn Clwyd at y Parch. Wayne Roberts. Pererindod a phryd blasus o fwyd a goginiwyd gan weinidog sy'n gogydd o fri!

Lewis Hamilton, ar daith gyflymach, yn ennill ras Fformiwla Un yn Austin, Texas ac felly'n cipio pencampwriaeth rasio'r byd, eto.

27-10-2015

Angladd arall, yr ail o fewn wythnos. Aeth y siwt ddu ddim pellach na'r gadair wrth y gwely. Gwasanaeth o dan arweiniad R. Alun Evans yn y Trallwng i dalu teyrnged a diolch am fywyd Elwyn Davies. Bu Elwyn yn un o hoelion wyth gweithgareddau addysgiadol, diwylliannol a chrefyddol Maldwyn, ac yn arbennig y Trallwng, am flynyddoedd lawer. Cyn brifathro o Bennal fu'n gwasanaethu yn y fyddin ac yn dysgu yn Llanbryn-mair a'r Trallwng. Blaenor a thenor cryf, cefnogwr brwd, fel Nest, ei wraig, o weithgareddau Cymraeg fel y papur bro, *Plu'r Gweunydd*, a'r siop wirfoddol Gymraeg, Pethe Powys. Cymeriad annwyl a gwerthfawrogol o bob ymdrech a chymwynas. Eistedd yn y capel gyda Glyn a Dilys Williams, ffrindiau da iddo, i wrando ar driawd Moeldrehaearn yn canu carol, 'Teg Wawriodd Boreuddydd', a'r deyrnged gywrain gan ei ferch, yr Athro Sioned Davies. Eistedd hefyd gyda hen ŵr o Sais, dyn busnes a ymddeolodd i'r sir o ogledd Lloegr ac a dystiodd sut y croesawodd Elwyn ef i'r ardal.

28-10-2015

Diwrnod prysur o gasglu'r gwartheg i'w hendref dros y gaeaf. Bydd y bechgyn yn treulio oriau lawer dros y misoedd nesaf yn eu bwydo ac yn carthu, er fod y sied newydd gyda'i llawr o rigolau yn y concrid yn arbed amser carthu yn sylweddol. Pob llo'n cael brechiad trwynol i geisio'u harbed rhag y niwmonia a ddaw pan fydd niwl Tachwedd ac aer llonydd yn cymysgu'n wenwynig yn yr adeiladau llawn.

30-10-2015 – 02-11-2015

Dianc rhag y niwl a'r glaw. Marged a minnau wedi hedfan dros nos i Abu Dhabi am bedwar diwrnod o wyliau. Ers i mi gyrraedd fy 60 oed rydym yn cymryd gwyliau byr yn Dubai neu Abu Dhabi oherwydd y sicrwydd o dywydd poeth, sych, môr cynnes, pwll a champfa. Y môr o flaen y gwesty fel crochan o ddŵr a halen. Dim cerrig miniog, cudd i hollti bodiau traed meddal pwyllgorwr, dim tonnau sydyn, milain i'm llyncu, dim dŵr oer i rynnu a chlecian dannedd. Gallu martsio i fewn, fi a'm cysgod, heb loetran er mwyn i groen a rhannau personol gynefino. Pysgodyn mawr yn gwasgaru'r pysgod bach o'i gwmpas, heb lyncu 'run eto.

Marged yn nofio fel alarch penfelyn (aderyn prin yn ardal Dolanog) a minnau'n cynhyrfu'r tonnau tu ôl iddi, fel hwyaden un goes Rhodri Morgan.

Gorwedd fel penbwl ar wely traeth dwy olwyn, yn rhythu ar yr adeiladau gwydr 70 llawr a'u gyddfau jiráff yn ymestyn i darth yr haul. Babeli o bensaernïaeth yn troelli ac ar eu prydferthaf fin nos gyda'u goleuadau amryliw. Oherwydd gwres y dydd a'r gwahaniaeth amser rhwng canolfannau busnes Efrog Newydd, Hong Kong a Mumbai, mae'r tenantiaid yn gweithio oriau hyblyg. Penblethu pam, mewn oes lle mae'r holl wybodaeth ddiweddaraf wedi'i chrynhoi, fel esgyrn sardîns, mewn sglodion ffonau symudol, fod angen adeiladu mwy a mwy o swyddfeydd i weithwyr eistedd o flaen sgriniau sydd ddim ond yn dangos yr un wybodaeth! Awgrymodd rhywun fod angen swyddfeydd yn Dubai ac Ahu Dhabi i benaethiaid cwmnïau o bellafoedd byd gwrdd cyn llofnodi cytundebau. Arferiad a thraddodiad o beidio llofnodi cyn gweld i fyw llygad y cwsmer.

Codi o'm gwely traeth wedi diwrnod blinedig o orffwys, i ymlacio trwy gael *massage* Swedaidd gan ferch oedd yn fy ngalw'n 'Sir Tom'! Wnes i mo'i chywiro! Dychwelaf adref yn llawn egni bob tro.

Y tro yma, ymweld â mosg ysblennydd newydd gyda'r mwyaf a'r harddaf y gall arian ei adeiladu. Agorwyd y Grand Mosg, a gomisiynwyd gan y diweddar Sheikh

Zayed, yn 2007 ar gost o 2 biliwn dirham neu 500 miliwn o ddoleri Americanaidd. Mae'r safle'n 32 acer o faint. Tu fewn, mae'r lluniau'n adlewyrchu diwylliant y gwledydd Moslemaidd, lluniau o fyd natur heb ddelw na cherflun. Golygfeydd gwahanol a chyferbyniol i'r ffydd Gristnogol a'i heglwysi'n clodfori Iesu, Mair a'r Disgyblion. Gofod o bellter gweladwy, os nad ysbrydol, rhyngddynt a chapeli gwerinol Gosen, Biwla a Pheniel Bedw Gwynion ym Maldwyn.

Ymweld wedyn â theml fodern arall, sef canolfan a chylch rasio'r Yas Marina. Testament i bwysigrwydd lleoliadau chwaraeon o'r safon uchaf fel prawf o sbloet a phŵer yr arian tywyll a ddarganfuwyd, yn wyrthiol, o dan y tywod. Agorwyd hon yn 2009, a bydd Lewis Hamilton a'i gyd-gystadleuwyr yma i'w haddoli 'mhen pythefnos, wrth iddynt sgrechian eu ceir dros y tarmac, a gludwyd yma o chwarel yn Bayston Hill, swydd Amwythig, medd Wikipedia!

Ar nos Sul caiff ymwelwyr a'r trigolion lleol gerdded neu seiclo o gwmpas y trac, a dyma ddechrau cerdded. O fewn pum medr ar hugain, stopio'n syfrdan o weld un o bartneriaid meddygol Marged, Alan Porter, a'i wraig Sheila'n seiclo'n chwyslyd i'n cyfarfod! Y ddau ar daith i Awstralia ac wedi torri'r siwrne yn Abu Dhabi. Wel, am fyd bach. Alan yn cwyno na fedr ddianc rhag Marged i unrhywle!

Gorffen y gwyliau wedi ymestyn yr haf, casglu lliw haul a siopa am anrheg i'r ŵyr, Aron, yn y *mall*.

04-11-2015

Prin cyffwrdd y ddaear 'nôl o Abu Dhabi cyn hedfan i Schärding, Awstria.

Schärding

Wyddwn i ddim fod 'na'r fath le cyn i mi dderbyn gwahoddiad i annerch cynhadledd Senedd Wledig Ewrop yno. Mae Senedd Wledig Ewrop yn broses sydd a'i gwreiddiau yn Sweden. Nifer o arweinwyr gwledig amhleidiol sy'n poeni am ddirywiad ardaloedd gwledig yn cyd-ymgynghori o dan faner 'All Europe shall live'. Trafod anghenion a blaenoriaethau yn lleol ac yna creu maniffesto wledig gynhwysfawr i'w defnyddio i lobïo gwleidyddion y gwledydd, y rhanbarthau a'r Comisiwn Ewropeaidd. Ceisio creu un llais cryf mewn cyfnod o gystadleuaeth anodd am adnoddau ariannol cyhoeddus. Mae senedd wledig eisoes yn bodoli mewn nifer o wledydd gan gynnwys Sweden, yr Alban a Croatia ac un o'r arweinwyr ymroddedig yw Michael Dower, cyn swyddog Parc Cenedlaethol ardal y Peak yn Lloegr. Byddwn yn falch o weld y syniad yn datblygu yng Nghymru hefyd.

Gŵglo'r enw Schärding a dyma lun o dref fechan, hardd ar y sgrin. Tai pob lliw, strydoedd taclus, tebyg i Bortmeirion ond mewn ardal wledig yng ngogledd-orllewin Awstria.

Hedfan o Birmingham i Frankfurt - higyldi-pigyldi o faes awyr cymhleth – ac yna 'mlaen i faes awyr llai yn Linz. Streic bosib gan weithwyr Lufthansa yn creu pryder am y daith adref.

Cyrraedd Linz yn nhywyllwch ac oerni Tachwedd, heb syniad sut i ddal trên ymlaen i Schärding. Cael fy achub gan angel gwarcheidiol o'r enw Helen Murray, prif weithredwraig PLANED, corff datblygu gwledig o sir Benfro, oedd hefyd yn mynychu'r gynhadledd.

Cyrraedd Schärding oddeutu naw o'r gloch, yn flinedig.

Dim tacsi'n unman. Cerdded yn y tywyllwch, dyheu am weld lampau a golau canol tref. Yr angel yn parhau i'm harwain. Holi am gyfeiriadau mewn caffi llawn dynion drwgdybus. Arwyddion dwylo'n fwy effeithiol na geirfa glapiog.

Ymlaen at gyrion y dref a gweld pabell enfawr tu cefn i res o fysiau di-hysbyseb. Nid bysiau ymwelwyr sbectol haul mo'r rhain. Yn y golau gwan, sbïo a gweld nifer o bobl, nifer o famau a phlant, yn cerdded yn arthritig o araf. Rhai bechgyn ifanc mewn siacedi lledr tywyll yn ysmygu'n driawdau tu allan. Ai dyma Senedd Wledig Ewrop, y cynulliad i drafod diboblogi gwledig? Ai'r rhain oedd yr arbenigwyr i ddatrys y problemau?

Synhwyro nad felly roedd hi, rywsut, a dychryn o ddeall mai canolfan brosesu ffoaduriaid o Syria ar eu taith i unrhyw le yn yr Almaen oedd yma. Y lampau gwan fel golau cywilydd, y distawrwydd fel cynhebrwng croesawu. Daeth lluniau'r teledu gartref yn real i mi, a doedd gen i ddim ymateb ond brysio heibio i godi clawdd unnos uchel a chuddio'n ddiymadferth tu draw iddo.

Mwyafrif trigolion Schärding yn eu gwelyau a'u drysau ar glo.

Brysio i ganol y dref, i fyd arall. Darganfod pabell liwgar, gynnes ar y sgwâr. Goleuadau cryf, bwydydd a gwinoedd blasus, nid yn unig o wledydd y Gymuned Ewropeaidd ond o bob cwr o Ewrop. Lleisiau uchel a cherddoriaeth parti'n gwahodd a chroesawu. Gloddest deilwng o unrhyw ddathliad i drafod creisis cefn gwlad! Ymlacio, mwynhau ac ymfalchïo o weld y Ddraig Goch ac arddangosfa o gynnyrch Cymru ar un o'r byrddau. Brawdgarwch a chwaergarwch dinasyddion, mewn cylch, yn rhannu'r un diwylliant Ewropeaidd.

Cyrraedd y gwesty a disgyn i'r gwely, heb fy angel! Methu cysgu. Gweld dwy babell, mynydd o glawdd a dim gweledigaeth i'w fylchu. Fydd neb yn meiddio cysylltu cais am loches gyda chonsýrn am ddiboblogi yn y seminarau yfory. Dim ailddrafftio sylweddol i'r maniffesto. Neb yn barod i chwalu'r clawdd, i estyn llaw. Y clawdd yn gwahanu dwy ideoleg – integreiddio, creu un byd, pawb yr un fath, yn teithio i'r un cyfeiriad, a byd arall, yn gwarchod gwahaniaethau, yn parchu lleiafrifoedd ieithyddol, diwylliannol, crefyddol a seciwlar.

Bydd streic staff Lufthansa yn creu problemau teithio, a *dyna* fydd yn hoelio'r sylw.

09-11-2015

Tywydd gwlyb a gwyntog iawn. Atgofion gwyliau cynnes Abu Dhabi wedi machludo tu hwnt i orwel y cof.

Gwerthu deugain o ŵyn tew ym marchnad y Trallwng ar ôl eu cludo yno erbyn chwech y bore, yn ôl fy arfer. Yna, gwerthu deuddeg o fustych stôr am £1,000 yr un.

Sgwrsio gyda ffrindiau a chymdogion, gan gynnwys Neville Owen o Gefn Coch. Neville a'i wraig Niki wedi ffarmio ffarm Tŷ Newydd ers dros hanner canrif, a bellach eisiau ymddeol, yn rhannol o leiaf. Heb olyniaeth, y ddau wedi penderfynu cynnig rhannau helaeth o'r ffarm i bobl ifanc. Rhoi cyfle prin i bartneru â'r genhedlaeth nesaf. Mae cyfartaledd oedran ffermwyr Cymru oddeutu 59, ac mae gwir angen chwilio am atebion amrywiol i ddenu mwy o ffermwyr ifanc a newydd i'r diwydiant. Lansiwyd adroddiad defnyddiol ar y mater yn ddiweddar gan Malcolm Thomas.

Neville yn adrodd fod yr arwerthwyr lleol, Morris, Marshall a Poole, yn ei gynorthwyo. Roedd wedi dychryn o ddeall am y rhwystrau oedd o'i flaen, gan gynnwys rheolau'r polisi amaethyddol Ewropeaidd, rheolau cynllunio, rheolau Llywodraeth Cymru a rhai'r Trysorlys yn Llundain. Rwy'n falch o adrodd iddo lwyddo i bartneru'n ddiweddarach.

Sôn am olyniaeth, clywed fod mab wedi'i eni i Gwenllian ac Arwyn Groe, Arthur Meredydd ap Arwyn. Bydd Arthur yn barddoni cyn hir ac yn archebu lle cynnar yn yr ysgol feithrin!

Adroddiad damniol wedi'i gyhoeddi yn awgrymu fod llwgrwobrwyo wedi digwydd o fewn y cyrff rheoli athletau. Rwsia'n cael ei beirniadu'n arbennig. Yr Arglwydd Coe gyda'r gwaith o arwain gwelliannau buan rhag tanseilio hygrededd y cefnogwyr, lai na blwyddyn cyn y gemau nesaf ym Mrasil. Cymdeithasau rheoli wedi methu mewn athletau a phêl-droed.

13-11-2015

Teithio i Ganolfan Catrin Finch ym Mhrifysgol Glyndŵr, Wrecsam. Cefnogi dathliad o brosiectau gwirfoddol a ariannwyd gan y Sefydliad Cymunedol, fel rhan o wythnos hyrwyddo rhoi elusennol. Lesley Griffiths, yr Aelod Cynulliad lleol a'r Gweinidog dros y sector gwirfoddol, yn bresennol ac yn annerch.

Dychwelyd adref i symud defaid o'm tir ger y Trallwng rhag iddynt foddi mewn llifogydd. Rhaid ymateb yn sydyn i rybudd ar y ffôn symudol gan Gyfoeth Naturiol Cymru.

Terfysgwyr yn bomio Paris eto, yr ail ymosodiad o fewn blwyddyn. Y tro yma, llawer wedi'u lladd mewn clwb nos a thu allan i'r Stade de France. Awgrym fod y terfysgwyr yn gysylltiedig â Brwsel. Dechrau anesmwytho. Mae dau filwr ifanc wedi bod ar ddyletswydd yn gwarchod ein hadeilad ar Rue Belliard ger Senedd Ewrop ers blwyddyn, ond mae'n anodd gweld sut y medrai dau atal ymosodiad gan hunanfomiwr. Dwi ddim yn siŵr o werth y strategaeth amddiffynnol, ac yn synhwyro y bydd Brwsel, gyda'i Chomisiwn a'i Senedd a phencadlys NATO, yn darged rhywbryd.

17-11-2015

Er gwaetha'r ofnau, dyma fi'n ôl ym Mrwsel i fynychu fforwm rhanddeiliaid adrannau amaeth, rhanbarthol ac arfordirol y Comisiwn Ewropeaidd. Dyma'r math o gyfarfod cynhwysol lle mae swyddogion y gwahanol adrannau yn cwrdd cynrychiolwyr cyrff cyhoeddus a gwirfoddol i drafod, ymgynghori ac esbonio polisïau. Dwi'n ffodus i gynrychioli'r Pwyllgor Economaidd a Chymdeithasol yn y fforwm yma. Byddaf yn cyflwyno adroddiad i'r Cyngor ac yn bwydo gwybodaeth yn ôl i Gyngor Gweithredu Gwirfoddol Cymru drwy Judith Stone. Heb gefnogaeth arbennig Judith mi fyddai fy ngwaith i ym Mrwsel yn llawer llai effeithiol.

Yn y trafodaethau heddiw roeddwn yn falch o glywed un o uwch swyddogion y Comisiwn yn enwi Cymru fel lle o ymarfer da, drwy gyfeirio at gytundeb rheoli pysgota ar y Fenai fel un llwyddiannus. Ariannwyd y prosiect ar y cyd rhwng y Comisiwn a Llywodraeth Cymru. Cynllun i sicrhau pysgota cynaliadwy a chynnal bioamrywiaeth ardal amgylcheddol sensitif ac economaidd bwysig.

Fin nos, mynychu derbyniad a chyflwyniad yn Swyddfa Cymru. Derek Vaughan, yr Aelod o Senedd Ewrop, yn croesawu. Noson i arddangos llwyddiant diweddar sefydliadau Cymreig yn ennill arian a chytundebau ymchwil drwy gydweithio â sefydliadau tebyg ledled Ewrop. Cwrdd prif wyddonydd Llywodraeth Cymru, Julie Williams. Ymfalchïo yn llwyddiant tîm Cymru.

18-11-2015

Y cawr o chwaraewr rygbi o Seland Newydd, Jonah Lomu, wedi marw'n ddim ond deugain oed. Yn ei anterth, gwefreiddiodd a dychrynodd chwaraewyr a gwylwyr rygbi. Oddi ar y cae, ymddangosai'n berson ffein a chynnes, o'i weld ar y teledu. Meddwl hefyd am ein cawr ninnau, Ray Gravell, fu farw'n rhy ifanc rai blynyddoedd yn ôl.

Parhau i fod ym Mrwsel. Hannah Miles, merch ifanc o Nelson fu'n weithgar gyda mudiad y Ffermwyr Ifanc, yn fy nghysgodi am y diwrnod. Bûm yn llywydd y mudiad am bedair blynedd yn y nawdegau a dyma un ffordd fach o dalu'n ôl am yr anrhydedd, drwy roi cyfle i aelodau brofi'r broses o wneud penderfyniadau ar lefel Ewropeaidd. Mae Hannah yn aros gydag un o'n swyddogion, Maarit Laurila.

Ar ddiwedd y cyfarfod aethom drws nesaf i Senedd Ewrop, lle roeddwn yn annerch cynhadledd ar rôl merched yng nghefn gwlad. Minnau'n un dyn yng nghanol ystafell o hanner cant o ferched. Wyddwn i ddim fy mod yn arbenigwr. Wyddai fy ngwraig ddim chwaith! Annerch ar wahoddiad COPA, y corff sy'n cynrychioli ffermwyr ar draws Ewrop, ac ar gais arbennig swyddog hoffus, Oana Neagu, a wyddai am fy adroddiad ar y Rhaglen Datblygu Gwledig. Defnyddiais rai enghreifftiau o ymarfer da o Gymru lle mae gwragedd fel Rachel Rowlands, Valmai Roberts, Kit Ellis, Lavinia Vaughan, Eleri Mills, Thelma Adams, Kathy Gittins a llawer un arall wedi cyfrannu'n helaeth at ddatblygu busnesau gwledig.

Gorffen y diwrnod trwy fynd â Hannah am swper gyda Terri Thomas a Gail Merriman o Lywodraeth Cymru, oedd ym Mrwsel yn mynychu cyfarfodydd. Y ddwy wedi gweithio'n galed i sicrhau cymeradwyaeth y Comisiwn i Gynllun Gwledig Cymru 2014-2020 fydd, gyda £100 miliwn o arian, yn creu swyddi, cynnig hyfforddiant, hybu marchnata a chryfhau cymunedau gwledig. Gail yn byw yn Ninas Mawddwy, pentref arall a chanddo siop gymunedol.

19-11-2015

Aros ym Mrwsel tan amser cinio. Cyfarfod o'r Adran Polisïau Cymdeithasol (SOC) o dan gadeiryddiaeth newydd Pavel Trantina o'r Weriniaeth Tsiec. Pavel yn arweinydd mudiad ieuenctid yn ei wlad ei hun ac yn olynu Maureen O'Neill o'r Alban, un o'm ffrindiau pennaf yn y Pwyllgor.

Cwrdd eto â Maggie Hughes o Lundain, oedd i annerch y cyfarfod gyda fy nghyd-aelod Kathleen Walker Shaw o undeb y GMB. Cyfarfyddais Maggie bedair blynedd yn ôl pan oeddwn yn Gomisiynydd Cymorth Cyfreithiol dros Gymru a Lloegr. Roedd mab Maggie, Robbie, wedi dioddef anafiadau difrifol tra oedd ar wyliau ar ynys Creta. Er iddi lobïo yr holl amser mae Maggie'n methu cael cyfiawnder i'w mab, yn methu torri trwy'r rhwystrau cyfreithiol a'r rheolau gwahanol sy'n bodoli rhwng gwledydd o fewn Ewrop. Gyda chymaint o ddinasyddion yn teithio o wlad i wlad mae angen llai o gloddiau cyfreithiol a mwy o gytundebau cyfiawnder i ddelio â throseddau, lle bynnag y digwyddant. Llwyddodd ein Pwyllgor i berswadio'r Comisiwn Ewropeaidd i annog y gwledydd i fabwysiadu rhyw fath o isafswm gwasanaeth a hawliau cyfreithiol. Yn y cyfamser, mae gofal a phryder a dycnwch Maggie'n parhau.

Cyfreithwyr ein teulu ni yn brysur heddiw. Celine, sy'n gweithio i gwmni cyfreithiol Geldards yng Nghaerdydd, yn mynychu cwrs yn Nottingham, safle arall y cwmni. Owain yn cynrychioli S4C mewn trafodaethau gyda chwmni Sky yn Llundain.

Mae meddygon weithiau'n gorfod bod yn gleifion.

Marged wedi cael llawdriniaeth ar ei llygad yn ysbyty Telford yn gynnar bore 'ma cyn gwibio'n unllygeidiog a chasglu tri phwynt gyrru-cyflym ar ei ffordd i Gaerdydd i ofalu am Aron.

Minnau'n galw ym marchnad y Trallwng ar fy ffordd adref o Frwsel a phrynu 90 o ŵyn stôr mewn arwerthiant ddiwedd pnawn. Brysio adref i newid dillad a'u cludo i'm ffarm, Trehelig, ger y maes awyr tu allan i'r dref. Prynu ŵyn ychwanegol am fod yr hydref wedi bod yn dyfadwy ac felly mae gen i borfa sbâr. Dewisais ŵyn gyda photensial i dyfu. Talu £60 ar gyfartaledd, a disgwyl o leiaf £10 o elw yr un ddiwedd mis Ionawr.

26-11-2015

Mynychu cynhadledd flynyddol WCVA yn y Venue, ar lan y môr yn Llandudno. Cynhelir y gynhadledd yn y De a'r Gogledd bob yn ail flwyddyn. Peter Davies, y cadeirydd, a Ruth Marks, y brif weithredwraig, yn llywio a Lesley Griffiths, y Gweinidog, yn annerch. Clywed teyrnged i Eirwen Edwards sy'n ymddeol fel un o'r is-gadeiryddion, yn 95 oed! Bu'n swyddog ffyddlon am flynyddoedd lawer ac yn lladmerydd cryf dros fudiadau gwirfoddol gogledd Cymru.

Cymerais innau ran ar banel yn trafod dyfodol y sector yn y prynhawn. Tasg tipyn haws na phan oeddwn yn gadeirydd ac yn arwain diwrnod cyfan o drafod ac archwilio. Bryd hynny, Jan Bish, ysgrifenyddes gydwybodol Bwrdd yr Ymddiriedolwyr, oedd yn gofalu fy mod yn cadw at reolau'r cyfansoddiad.

Sgwrs fer gydag Ann Llwyd, cyfieithydd o gwmni Cymen. Byddaf yn ceisio siarad yn Gymraeg ar lwyfannau o'r fath, ac mae'n bwysig cael gair gyda'r cyfieithydd i atgoffa fy hun i siarad yn arafach! Ann yn ferch i'r diweddar Wilbert Lloyd Roberts.

Llongyfarch Sioned Hughes ar ei phenodiad fel Prif Weithredwr newydd yr Urdd, i olynu Efa Gruffudd Jones.

Sgwrs hefyd gyda Neville Evans o Frynsiencyn, Ynys Môn. Neville yn esbonio sut y bu ef a nifer o'i gyd-bentrefwyr yn datblygu menter gymunedol i achub y dafarn leol rhag cau. Cawsant fenthyciad o £125,000 o gronfa fenthyg a weinyddir gan WCVA. Pwysleisiodd pa mor bwysig oedd cael cyngor a mentora wrth ddatblygu prosiect uchelgeisiol ac i gefnogi hyder y gwirfoddolwyr. Diolchodd yn arbennig i swyddog WCVA, Alun Jones, am ei gefnogaeth.

Cyn cychwyn adref, galw heibio ffrindiau da, sef Alun a Haf Thomas. Alun yn gyfreithiwr a dyfarnwr rygbi sydd wedi dioddef afiechyd yn ddiweddar. Balch iawn o'i weld yn gwella.

27-11-2015

Mynychu cyfarfod blynyddol gwahanol. Y tro yma gydag Emlyn Thomas, fy nghyfrifydd o gwmni Cadwallader & Co. Emlyn yn broffesiynol yn ei gyngor ac yn deall cymhlethdod ein busnes wrth i mi gyrraedd oed pensiwn, Marged yn troi i weithio'n rhan-amser a'r plant yn cyflwyno eu datganiadau busnes eu hunain.

Siwan a'i ffrindiau coleg yn treulio'r penwythnos ar aduniad mewn bwthyn ger Rhoslefain, Meirionnydd. Aros nepell o gartref ffrind ysgol i mi, sef Dr Arfon Rees, a ddatblygodd yn hanesydd ac arbenigwr ar wleidyddiaeth Rwsia, gan rannu'i arbenigedd yn achlysurol â gwrandawyr Radio Cymru.

Tra oeddwn yn Ysgol Tywyn cefais lawer o bleser ar

bnawn Sadwrn yn seiclo gyda fy ffrind gorau, Caradog, am Donfannau a'i gampws milwrol, draw i Roslefain a chroesi am Graig yr Aderyn ac i Abergynolwyn i gwrdd â ffrind arall Richard Henry Jones. Mae'n bryd i ni gael aduniad!

Marged a minnau'n gorffen y diwrnod ym mharti ymddeol Tim McVey, partner meddygol Marged, yn y Drenewydd. Mae 'na genhedlaeth o feddygon teulu sydd wedi rhoi blynyddoedd o wasanaeth i ardaloedd gwledig Cymru yn ymddeol yr un pryd, gan adael bwlch mawr yn ein cloddiau gofal.

Cynthia, gwraig Tim, a'r ddwy ferch, Hannah a Rosalind, wedi trefnu noson hwyliog gan gynnwys y cwis blynyddol. Cael cwmni Dewi a Nerys Hughes o Bow Street. Roedd Nerys a minnau'n ffrindiau ysgol yn Nhywyn, a Dewi a minnau wedi treulio amser hwyliog gyda'n gilydd yn Eisteddfod Genedlaethol y Bala, 1967. Cyfarfyddodd y ddau tra oeddent yn gweithio i Fwrdd Datblygu Cymru Wledig. Bu Dewi'n arloesol gyfrifol am ddatblygu cydweithio cymunedol o fewn dalgylch y Bwrdd cyn gorffen ei yrfa yn Adran Addysg Cyngor Ceredigion. Nerys yn ceisio 'mherswadio i 'sgrifennu llyfr!

28-11-2015

Diwrnod gwlyb iawn, iawn. Tywydd addas i angladd un o gewri mawr y Gymru wledig, Dafydd Wyn Jones, Blaenplwyf, Aberangell. Angladd tad, union flwyddyn wedi angladd ei ferch, Meinir. Bu Dafydd yn amaethwr ac arweinydd cymunedol a bardd gwlad gyda'r gorau, gan gynnwys ei aelodaeth hwyliog a chrafog o dîm ymryson y beirdd Maldwyn. Cafwyd teyrngedau addas gan y Rheithor yn hen eglwys Mallwyd a chan ei ffrindiau, Ann a Gwilym Fychan a Hedd Bleddyn. Hiraethu, nid yn unig am Dafydd, ond hefyd am y genhedlaeth o Gymry a fagwyd mewn cymdeithas wledig ddiwylliedig ac a oedd mor wybodus a balch o'u traddodiadau.

30-11-2015

Rhodri yn y Ffair Aeaf yn Llanelwedd gyda'i waith yng nghwmni Agri Advisor. Glaw a llifogydd ym mhobman, gan gynnwys caeau isaf maes y Sioe. Ein hwyaid wrth eu bodd wedi darganfod llynnoedd newydd.

Menter gymunedol Awel Aman Tawe, o dan arweiniad Dan McCallum, wedi llwyddo i ddenu dros saith can mil o bunnoedd mewn buddsoddiad gan bobl leol i berchnogi ffarm wynt, fydd o fudd economaidd i'r cyfranddalwyr ac i'r gymdeithas. Bu Dan gyda mi ym Mrwsel yn rhoi tystiolaeth am bwysigrwydd rôl cymunedau mewn datblygu ynni cynaliadwy. Rôl sy'n gyfarwydd iawn yn yr Almaen hefyd.

Minnau'n prynu 1,300 o goed caled i'w plannu trwy ein cynllun Glastir Uwch. Rydym yn ffodus fod gennym gymdogion sy'n gallu plygu gwrychoedd yn gelfydd i gwrdd â gofynion y cynllun. Bu Selwyn Davies a Tom Evans wrthi'n plygu gwrychoedd y llynedd, gydag Erfyl Thomas, Hedd Ifor a Tudor Gittins wrthi eleni. Gwaith anodd mewn tywydd oer a gwlyb, a'r oriau dyddiol o olau'n byrhau.

Difrod glaw-lifogydd, harneisio ynni'r gwynt a phlannu coed i sugno carbon. Newidiadau arwyddocaol ym myd natur, wythnos cyn y gynhadledd fyd-eang ar hinsawdd, COP 21, ym Mharis. Rhaid cael ffydd i feddwl fod cyfraniadau bach lleol fel plannu coed, cyfoethogi gwrychoedd a harneisio ynni gwynt a dŵr yn gallu diogelu planed pan fo gwledydd mwya'r byd yn gyndyn i ildio pŵer eu diwydiannau trwm sy'n ddibynnol ar olew a thanwydd ffosil. Ond mae 'na werth i bob ymdrech!

03-12-2015

Awyrennau rhyfel Prydain yn dechrau bomio'r terfysgwyr Islamaidd IS yn Syria yn dilyn pleidlais yn Senedd San Steffan neithiwr. Does dim prinder awyrennau uwchben y wlad, gyda'r Rwsiaid a gwledydd eraill eisoes wrthi. Mae 'na ryfel cartref ideolegol a rhyngwladol yma mewn un wlad fach. Pa ryfedd fod pobl yn ffoi?

Teyrngedau da ar y radio i gofio'r newyddiadurwraig Sian Pari Huws.

Darllen cylchlythyr diweddaraf yr elusen Dolen Ffermio, a gefais gan Emyr Owen. Mae Dolen Ffermio'n cyflawni gwaith gwych yn cefnogi datblygiadau amaethyddol ac addysgiadol yng ngwledydd tlotaf Affrica.

Darllen am brofiadau Ffion Jones, Dolwar Fach, fu ar daith ymchwil meddygol i Sri Lanka. Bu hefyd yn brysur iawn yn trefnu stondin Dolen Ffermio yn yr eisteddfod ym Meifod. Mae Ffion yn wirfoddolwraig anturus ac yn enghraifft dda o genhedlaeth ifanc sy'n barod i gyfrannu amser a sgiliau er lles y gwannaf o fewn cymdeithas.

05-12-2015

Rhagfyr, mis a'i gloddiau o nosweithiau tywyll, hir. Ei oerni a'i stormydd yn mygu fy hwyliau. Gwynt a glaw mewn tandem heddiw'n creu hafoc ar y buarth, gyda dau ddrws sied wedi'u chwythu i ffwrdd. Llifogydd andwyol yng ngogledd-orllewin Lloegr a dyffryn Efrog. Cannoedd o dai a siopau mewn mwd, nid am y tro cyntaf, a phobl yn eu dagrau. Sialens arall i'r gwasanaethau cyhoeddus ac i ysbryd cymunedol y trigolion. Y ddadl ynglŷn ag effaith cynhesu byd-eang ar lifogydd yn eilradd i'r un am yswiriant digonol a lle i aros heno. Y Swyddfa Dywydd wedi dechrau enwi stormydd. Dyma storm Desmond, a fydd yn enw i'w anghofio mor fuan â phosib.

Penderfynu gwisgo dwy gôt a chap i wylio COBRA'n chwarae rygbi yn erbyn Pwllheli, gan fod Rhodri'n chwarae a'r tîm yn dechrau gwella. Cysgodi â chap dros fy llygaid yn yr eisteddle, a gofyn i un o gefnogwyr Pwllheli a oedd yn adnabod Geraint Williams. Hwnnw'n pwyntio at gawr oedd yn sefyll a'i gefn tuag ataf yn syth o'm blaen. Geraint yn ffrind coleg i mi, yn chwarae gyda mi yn nhîm neuadd Ceredigion, y neuadd Gymraeg gyntaf i fechgyn, gyda Neuadd Davies Bryan i ferched, yn Aberystwyth. Os oeddwn i, neu rywun arall, mewn trafferth yn hwyr y nos, byddai Geraint, gyda sigarét yn ei geg a breichiau fel rhai Jac Codi Baw, yn llwyddo i ymyrryd a dychryn unrhyw ymosodwr. Gwyddwn ei fod wedi rhoi llawer o amser i glwb rygbi Pwllheli ac wedi bod yn athro yn ysgol Botwnnog. Cawsom sgwrs hapus yn hel atgofion ar ddiwedd y gêm.

Un arall o ddiwedd cenhedlaeth Dyffryn Banw wedi marw'n ddiweddar. John Defi, Brynderwen, Llangadfan. Ffarmwr a heliwr wrth ei fodd. Blaenor hir-dymor yng nghapel Rehoboth. Gŵr a edmygwn yn fawr yn ei anterth fel arolygydd ysgolion Sul, gyda'i wybodaeth drylwyr o'i Feibl a'i allu i holi'n graff a hwyliog.

Mae'r tywydd gwlyb a'r tywyllwch cynnar yn fy nhemtio i fwyta ac yfed gormod a cherdded llai. Dwi ddim yn un da am gwmnïa dros swper hwyr ac mi fydda i'n dioddef trannoeth. Un eithriad yw swper clwb pêl-droed Banw sydd, eleni, yn y Cann Offis. Dwi ddim wedi ymuno â chonsortiwm Malcolm Evans i chwarae golff yn fisol, a does gen i mo'r sgiliau, chwaith, i chwarae bowls gyda Gwyndaf James, fy ffrind ers dyddiau'r ysgol gynradd yn Llanerfyl. Rwy'n parhau i geisio cadw fy ymennydd prin yn heini drwy ddarllen a phwyllgora, a gosod sialensau deall polisïau newydd i mi fy hun.

Fis Ebrill nesa byddaf yn dechrau mewn swydd newydd fel cyfarwyddwr anweithredol i Swyddfa Ysgrifennydd Gwladol Cymru. Penodiad am dair blynedd, a hwn, mwy na thebyg, fydd yr olaf i mi. Hynny'n cwblhau dros 40 mlynedd di-dor o swyddi cyhoeddus a gwirfoddol. Gwaith a roddodd bleser difesur i mi, a chyfle i gwrdd a dysgu gan nifer o arweinwyr galluog a chyfeillgar o bob cwr o Brydain ac, yn ddiweddar, o weddill Ewrop.

Heno, mentro allan a mwynhau noson hamddenol dros fy nghinio Nadolig cyntaf eleni, yn y Cann, wedi'i drefnu gan Barry Smith, cadeirydd clwb y Banw. Bwyd da, cwmni da a gormod o win coch. Ond pawb yn byhafio! Marged, fy ngyrrwr tacsi, yn fy hel adref cyn imi ddechrau baglu dros fy ngeiriau!

06-12-2015

Dreigiaid Gwent yn curo Munster 22-6. Felly, pob un o ranbarthau rygbi Cymru wedi ennill y penwythnos yma. Digwyddiad prin!

Cinio clwb rygbi'r COBRA yn Llanfair Caereinion gyda Sean Holley, hyfforddwr Bryste a sylwebydd teledu craff, yn ŵr gwadd.

Rosie, cariad Steffan, yma, wedi teithio o Leeds lle mae'n ymddangos yn y sioe *Chitty Chitty Bang Bang*.

07-12-2015

Yn Nhŷ Ladywell yn y Drenewydd. Mynychu cyfarfod o bwyllgor ymgynghorol Llywodraeth Cymru ar hyrwyddo CLLD sef y broses o ddatblygu cymunedol lleol drwy annog pawb i gyd-drafod a pherchnogi penderfyniadau cynllunio economaidd a chymdeithasol. Dyma broses mae'r cynllun 'Leader' wedi ei chefnogi ac sydd, bellach, yn un o amodau Polisi Datblygu Gwledig y Comisiwn Ewropeaidd. Cyn derbyn grantiau, rhaid dangos fod cymunedau lleol yn cefnogi'r datblygiadau arfaethedig, yn y gobaith y byddant yn cyfrannu at gynaliadwyedd y prosiectau.

Eistedd yn y pwyllgor yn gwrando ac yn darllen fy ebyst a'r negesuon testun bob yn ail. Fy nghalon yn cyflymu'n sydyn o ddarllen neges gan Marged:

'Ar y ffordd i Gaerdydd. Celine [sydd yng nghyfnod cynnar beichiogrwydd] yn yr ysbyty.'

Colli pob diddordeb yn y pwyllgor a gadael yn gynnar. Meddwl yn ddryslyd am y posibiliadau ac ofni'r gwaethaf.

Wardiau mamolaeth a babanod ysbyty'r Waun yng Nghaerdydd yn llawn, a'r uned gofal dwys i fabanod newydd-anedig ar gau oherwydd haint. Staff yn chwilio'n ffrantig am wely mewn ysbyty arall. Celine ac Owain, yn hwyr y nos, wedi teithio i ysbyty yng ngogledd Bryste. Marged yn gofalu am Aron yng Nghaerdydd.

08-12-2015

Owain a Celine yn parhau i fod yn ysbyty Southmead, Bryste ar ddydd pen-blwydd eu priodas. Y newyddion yn well ac yn fy ngalluogi i deithio i Gaerfyrddin fin nos.

Yno yng Nghanolfan Halliwell ar gyfer swper dathlu

pen-blwydd Undeb Amaethwyr Cymru yn 60 oed. Bûm yn is-Lywydd am bum mlynedd yn yr wythdegau ac rwy'n ymwybodol iawn o'r gwaith caled sy'n disgyn ar ysgwyddau arweinwyr a swyddogion. Ymfalchïo i'r undeb sicrhau fod llais ac anghenion arbennig y diwydiant ac ardaloedd gwledig Cymru wedi eu clywed, yn arbennig yn y cyfnod cyn datganoli pwerau i'r Swyddfa Gymreig ac yna i'r Cynulliad.

Yr Arglwydd Morris, cyn-ysgrifennydd yr undeb, yn brif siaradwr, ac un o sylfaenwyr yr undeb, Llew Jones, Rhandir-mwyn, yn bresennol. Cwrdd â nifer o gyd-weithwyr eraill fel Oswyn Evans, Tom Jones sir Fôn, Gareth Roberts Llaeth y Llan, Brian Walters, Gareth Vaughan, Emyr Jones a Glyn Roberts, y Llywydd presennol. Hefyd Evan R. Thomas, fu'n gadeirydd pwyllgor ffarm arbrofol Trawsgoed pan oeddwn i'n gadeirydd Pwllpeiran, Pontarfynach. Balch o weld a chael sgwrs gyda chyn-ysgrifennydd sirol Dinbych, yr unigryw Meurig Voyle. Cymro a Christion cadarn. Ei wallt ym mhobman ond ei feddwl yn finiog a'i galon yn gynnes, unionsyth.

Cofio hefyd am arweinwyr sydd wedi marw bellach. Myrddin Evans, Glyngwyn Roberts, R. J. Jones, H. R. M. Hughes, Geraint Howells, Anthony Pugh, Rhydwyn Pugh, Megan Davies ac R. O. Hughes a nifer o rai eraill. Meddwl hefyd am rai nad oedd yn ddigon iach i deithio yma, fel Evan Lewis, cyn-ysgrifennydd cyffredinol yr undeb, Talwyn Francis a Richard ap Simon Jones, fu'n gwmni cyson i mi mewn pwyllgorau yn Llundain, Caerdydd ac Aberystwyth. Mae hanes cyffrous y cyfnod hyd y nawdegau wedi'i gofnodi'n drwyadl gan Handel Jones yn ei lyfr *Teulu'r Tir*. Eistedd a chael cwmni cynnes y cyn-arwerthwr David Lewis a'i wraig Elena, a begera tacsi bonheddig ganddynt yn ôl i'r Ivy Bush ar ddiwedd y noson.

Yn ystod fy ngyrfa bûm yn rhan o dair ymgais

aflwyddiannus i geisio uno'r ddwy undeb, a chyda trosglwyddo'r pwerau a hawliau deddfu ym maes amaeth i'r Cynulliad mae'r dadleuon o blaid yn gryfach eto.

Yn ogystal â gweithio gyda'r arweinwyr uchod, cefais y fraint hefyd o gydweithio ag arweinwyr gwych yr NFU, fel Alun Evans, John Lloyd Jones, fu'n gadeirydd arbennig y Cyngor Cefn Gwlad pan oeddwn yn gyd-gynghorydd, a Syr Meurig Rees, un y dysgais gymaint ganddo pan oeddem ar y Comisiwn Cefn Gwlad. Y tri o ardal Tywyn, Meirionnydd, a chyda rhai o arweinwyr yr FUW yn dod o'r un ardal, yr awgrym yw fod pysgodfa o arweinyddiaeth amaethyddol yn nŵr afon Dysynni!

10-12-2015

O Gaerfyrddin bore 'ma i Frwsel amser te. Cerdded o orsaf Maelbeek ar draws Rue Belliard, un o strydoedd prysuraf Brwsel. Traffig ben wrth gynffon, yn chwydu nwyon i'r awyr ac i ysgyfaint y cerddwyr. Dyma stryd y cerbydau pwysig. Cerbydau duon gyda ffenestri duon sy'n cuddio'r gweinidogion o wahanol wledydd Ewrop, gaiff eu cludo i'w cyfarfodydd gyda'u gosgordd o feiciau modur cyflym, swnllyd.

Mae'r palmentydd yn ffedog o batrymau cerrig anwastad. Brodwaith traddodiadol o gymeriad stryd ar dywod. Byddai Farage yn honni fod y sefydliadau hefyd ar dywod! Palmentydd sy'n hunllef i gerddwyr anabl, sodlau uchel a fferrau gwan.

I mi, mae'r cerdded yn brofiad o symud o ffarmio ymarferol un diwrnod i drafod polisïau gwledig a chymdeithasol Ewropeaidd ar ddiwrnod arall. Gwisgo fy mathodyn swyddogol wrth basio'r swyddogion diogelwch, a throi ffarmwr o Ddolanog, am ddiwrnod, yn gynrychiolydd sifil breintiedig, yn fersiwn gosmopolitan o rebel wicend Bryn Fôn. Mae'n braf cerdded yma ac yn braf cerdded yn ôl.

Dwi'n heneiddio. Merch ifanc gwrtais wedi cynnig ei sedd i mi ar y trên tanddaearol i Maelbeek heddiw. Rhaid torri gwallt, colli bol a sythu!

(Dri mis yn ddiweddarach, ffrwydrwyd bom gan derfysgwyr yn yr orsaf, gan ladd teithwyr diniwed.)

Yn y cyfarfod prynhawn 'ma, Frans Timmermans, is-Lywydd y Comisiwn Ewropeaidd, yn annerch. Y gwleidydd uchel ei barch o'r Iseldiroedd yn canmol dewrder Angela Merkel yn caniatáu i dros filiwn o ffoaduriaid ddod i mewn i'r wlad. Pwysleisiodd Timmermans fod yna wahaniaeth rhwng y rhai sy'n ffoi am eu bywydau oherwydd rhyfel a mewnfudwyr economaidd, a'i bod yn rhesymol ymddwyn yn wahanol tuag at y ddau ddosbarth. Awgrymodd hefyd fod dinasyddion presennol Ewrop yn poeni am eu diogelwch personol yn wyneb cymaint o fewnfudo mewn cyfnod byr.

Mae hawl dinasyddion y Gymuned Ewropeaidd i symud o un wlad i un arall yn un o egwyddorion sylfaenol y Cytundebau. Ond pan fydd gwlad fach fel Bwlgaria'n colli chwarter ei gweithwyr ifanc i wledydd cyfoethocach dros ychydig o flynyddoedd, mae'n creu problemau enbyd o ran anghydbwysedd economaidd a chymdeithasol. Hynny wedyn yn ychwanegu at y cafn mawr economaidd rhwng gwledydd, ac at anniddigrwydd dinasyddion ynghylch methiant arweinwyr i ddelio â'r broblem. Creu gwagle gwleidyddol i UKIP ym Mhrydain, a chyfle arall i'r Arlywydd Putin gynnig ei weledigaeth ei hun. Mae arweinwyr Ewrop angen pob cefnogaeth yn y cyfnod ansicr hwn.

09-12-2015

Dameg y Samariad (llai) Trugarog

Ydi hi yna? Sbecian o ben draw'r stesion, dros ben a heibio'r cannoedd sy'n rhuthro i'w gwaith o bob cyfeiriad. Gan ei bod yn fis Rhagfyr mae yna bedwarawd offerynnol 'aeddfed' yn chwarae 'Jingle Bells'. Mae un a'i het ar lawr yn gwahodd gwerthfawrogiad, a phenwisg Santa'n coroni'r gweddill. Pawb mewn hwyliau da.

Dacw hi! Diolch byth, mae'n fyw. 'Mae Duw yn ei Nefoedd', i fenthyg bodlonrwydd barddol Browning, ac 'mae'r byd yn ei le'.

Dwi'n igam-ogamu'n nes ati, a'r benbleth fisol yn nesu hefyd. Mae'n debyg, ar ôl pwyllgora efo fi fy hun, mai pasio heibio wna i fel arfer gan edrych yn wirioneddol brysur. Rhyngof i a hi mae 'na wraig ifanc yn begera'n druenus efo'i babi, dyn blewog yn cysgu yn ei ddiod dan flanced efo'i gi, a dyn arall, tenau, heb ddannedd yn ysgwyd ei ben yn ddi-baid. Mae'n gwenu, o fath. Sori, fedra i ddim ymddiddori ym mhob achos o dlodi. Be am y cerddwr o'm blaen a'r rhai tu ôl? Ymbiliwch arnyn nhw!

Pum cam arall. Rhaid penderfynu. Mae fy llaw gybyddlyd yn fy mhoced arian eisoes yn didoli. Dilema! Poen pen pob gwleidydd, crefyddwr a dyngarwr – faint i'w roi i'r tlawd. Rhoi yn ôl yr angen neu yn ôl be sy'n weddill wedi talu biliau'r fasged foethus? Gohirio'r penderfyniad.

Tri cham ar ôl. Dechrau anesmwytho. Cydwybod magwraeth yn procio. Trwy lwc, dydi hi ddim yn disgwyl, ddim yn glynu i'm llygaid fel magned. Mae'n eistedd yn erbyn wal, 'yn yr un hen le' ar lawr oer ar waffer o flanced. Yr un dillad tywyll bob tro (fel petai ganddi ddewis). Ei hwyneb surbwch yn wyn, marw o wyn, a'i gwallt gwyn yn felyn fel nicotîn. Mae'n smocio a darllen papur rhad ac am ddim. Ond hi yw'r frenhines. Does neb yn dwyn ei lle, ei gorsedd bersonol, wrth i'r gwynt ruthro i mewn i orsaf Brwsel a thrwy'r coridor llaith. Diolch bod gen i, tra'm bod yn penderfynu, fy sgiarff, côt fawr, menig a chiap (un smart hefyd).

Wrth ei hymyl mae un cês, a dyma gellweirio:

'Mae dy gês yn llawn?'

'Dim ond fy nghês sy gen i!'

Unwaith, arhosais go iawn a magu digon o hyder i ofyn gawn i dynnu llun ohoni. Rhoddais geiniogau yn ei chwpan casglu plastig a chael llun ar fy ffôn. Munud ffotograffig, glinigol o berthynas amrant rhyngom. Ddaru hi ddim gwenu na diolch am yr arian. Ond mae gen i lun parhaol sy'n pigo'n fwy na lleddfu fy nghydwybod. Mae botwm dileu gen i, os bydd raid. Fy niffyg ieithyddol yn rhwystro unrhyw gyfathrebu pellach. Falle 'mod i'n falch o hynny. Tybed a fydd hi'n fy nghofio heddiw?

Dwi'n cofio cerdd Syr T. H. Parry-Williams i'r 'Ferch ar y Cei yn Rio'. Merch ddienw a ddenodd chwilfrydedd y bardd, ond dim ond ei brofiad hiraethus-bersonol a'r wefr chwilfrydig gefais i o'r darllen sy'n aros. Byddai enwi *hon* yn ei darlunio'n ormodol. Dwi ddim eisiau chwilio yng nghwpwrdd ei gorffennol, a'r drysau ar gau. Busnesa fyddai hynny; cwestiynu gan orfodi ymateb ffug-arwrol. Dwi'n rhy fodlon. Gwell cadw'r llen o ddieithrwch rhyngom. Diolch am glawdd symudol o gyrff dinasyddion prysur i'n gwahanu.

Gerllaw mae'r Grand Place enwog gyda'i adeiladau eiconig. Neithiwr gwelais ei oleuadau laser amryliw, ei stabal Nadoligaidd, artiffisial a'i filoedd o ymwelwyr hapus.Wir, roedd y sgwâr yn gyfoethocach nag arfer eleni. Ydi'r dirwasgiad drosodd?

Un cam arall i osgoi cyfrannu, i osgoi troi'r awydd elusennol tymhorol yn weithred bersonol, gostus. Ymhen awr caf bleidleisio'n gyfforddus am bolisi i ymladd tlodi, a chlywed fod y Pab, neb llai, yn llongyfarch yr Undeb Ewropeaidd ar ei pholisïau cymdeithasol cynhwysol ond gan amau na wyddom beth yw tlodi go iawn. Hy! Canmoliaeth sy'n procio gan Eglwyswr cyfoethog neu wir Gristion cenhadol?

Camu 'nôl at fy mhenderfyniad. Estyn llaw slei o'r boced i lawr i'r cwpan. Help! Papur hanner can ewro yn llithro i mewn – mistêc!

Diolchodd hithau â'i phen, a gwenu.

11-12-2015

Amser datgelu cyfrinach ffŵl. Marged gyda'r teulu yng Nghaerdydd yn fy nysgu, dros y ffôn, i ddefnyddio'r peiriant golchi dillad am y tro cyntaf!

Wrth aros i weld canlyniad y golchi, gwylio fy nghyn-Gadeirydd ar y Comisiwn Gwasanaethau Cyfreithiol, yr Arglwydd Bichard, yn cyflwyno araith rymus ar gyflwr gwan gwasanaethau gofal cymdeithasol o Dŷ'r Arglwyddi ar BBC Parliament.

Marged, hefyd, yn datgelu cyfrinach. Wedi llwyddo i'w charcharu'i hun yn ei char Evoque ym mheiriant golchi ceir Tesco yng Nghaerdydd!

Ym Mharis, arweinyddion gwledydd y byd yn arwyddo cytundeb newydd i gwtogi cynhesu byd-eang i gynnydd o 1.5 y cant gradd Celsius. Gweinidog tramor Ffrainc, Laurent Fabius, wedi gweithio'n galed i gael cytundeb. Newyddion da i Ffrainc, sydd wedi dioddef cymaint o derfysg yn ddiweddar, ac i ddyfodol y blaned.

12-12-2015

Un o drysorau pwysicaf y rhan ddwyreiniol yma o Faldwyn yw ein papur bro, *Plu'r Gweunydd*. Dyma glawdd misol o wybodaeth ddifyr, gyfredol, liwgar sydd wedi'i wreiddio'n ddwfn yn ein hetifeddiaeth. Clawdd sydd, gyda'i chwiorydd, *Yr Ysgub* a *Seren Hafren*, yn llenwi basged o ffrwyth cymunedau Cymraeg a phlethu planhigyn unigol yn dusw, unigolion yn gymdeithas glòs.

Mae'r papur wedi esblygu o dan arweiniad nifer fechan o wirfoddolwyr tymor hir, tawel, ffyddlon. Bellach, defnyddiant y dechnoleg ddiweddaraf i osod gair a llun, cyn ei anfon i'r Lolfa i'w argraffu.

Rhifyn Rhagfyr o'r papur wedi cyrraedd gyda lluniau o Shân Cothi, fu'n athrawes yn Llanfair, ar ei Thaith Paradwys gerddorol, Ivy Belan yr Argae wedi ennill gyda'i garddio medrus a Guto Owen, yn eisteddfod y Foel, gyda'i ddehongliad artistig o'i dad a'i daid.

Tu mewn, ymhlith llu o gyfarchion a diolchiadau, mae colofn amaethyddol addysgiadol a gonest Richard Tudor, sylw i lansiad llyfr newydd Emyr Davies, cyfarwyddyd taith gerdded Dewi Roberts, y diweddaraf gan Fenter Maldwyn, colofn farddol Pryderi, myfyrdod crefyddol, Gwyndaf Roberts, a cholofn Lois i'r dysgwyr. Mae Ann y Foty'n procio am heddwch wrth adolygu llyfr gan D Ben Rees; Myrddin ap Dafydd, ar ymweliad, yn y niwl yn chwilio am Bengwern, lluniau lliw gan Delyth a chroesair poblogaidd, fel arfer, gan Ieuan Thomas.

Tynnaf fy het i bob un, a phawb, sy'n rhoi cymaint o'u hegni a'u hamser. Bargen o bapur am 60c!

14-12-2015

Ym Mrwsel am y tro olaf eleni. Ar ôl deg mlynedd o deithio rheolaidd i Frwsel a dinasoedd eraill Ewrop a gwneud ffrindiau da o bob gwlad, dwi'n parhau i gael trafferth mawr gyda'r arferiad o gusanu yn lle ysgwyd llaw fel cyfrwng cyfarch merched gan amlaf, ond weithiau dynion hefyd!

Dwi'n paratoi i blannu cusan ar y foch dde a llwyddo'n weddol, cyn ailbaratoi i anelu am y foch chwith. Popeth yn iawn os bydd y ddau ohonom yn cychwyn yr un pryd ac o'r un taldra, yna mae gobaith cwrdd yn sgwâr, fel sgrym rhwng Adam Jones a Samson Lee. 'Crouch, hold, engage,' chwedl Nigel Owens. Ond fel awyren yn cael trafferth glanio mewn storm, mae fy nghusan, weithiau'n gorymestyn ac yn plymio i wallt a chlustdlysau. Dwi hyd yn oed, mewn embaras llwyr, wedi gollwng cusan rhwng bronnau merch ar stiletos wrth iddi blygu'n rhy isel i'm cyfarfod, a minnau ar flaenau 'nhraed. Wedi meddwl, nid profiad gwaetha 'mywyd chwaith!

Dro arall, dwi'n llwyddo i wefuso trwyn neu daro talcen person nad oedd ag unrhyw fwriad i gydymffurfio â'r traddodiad ac oedd yn ceisio ysgwyd fy llaw. Byddai Mr Bean yn deall. Falle 'mod i'n gorbaratoi. Dwi, fel Lewis Hamilton, yn clicio'r dafod mewn gêr, llwytho'r poer cynnes, nwydus, gollwng y brêc, gwasgu'r botwm tanio ac anelu'r gusan at ferch olygus, eiliad ar ôl iddi symud ymlaen i gyfarch rhywun arall, pwysicach. Minnau ar fy ffordd i'r teiars ar y gornel gyntaf!

Celine, fy merch-yng-nghyfraith, sy'n Ffrances ac yn deall yr arferion, yn fy nghynghori i gynilo fy ymdrechion, mwy o gusan caws na chusan jam! Beth bynnag, os bydd Brexit, yna ni fydd raid poeni mwy!

Steve a Sam Maggs o Aberhonddu sy'n fy nghysgodi ar fy ymweliad y tro yma. Cyfarfyddais Steve, sy'n gweithio gyda chwmni adeiladwyr Tŷ-mawr Lime, yn y Sioe yn Llanelwedd. Sam, ei fab, wedi dysgu Cymraeg, yn brif fachgen yng Ngholeg Aberhonddu a chanddo ddiddordeb mewn gwleidyddiaeth a systemau democrataidd.

Neithiwr cawsant brofi naws Nadoligaidd y Grand Place, gyda'i breseb, ei oleuadau llachar a'r danteithion a'r anrhegion yn y farchnad brysur gerllaw.

Heddiw, ymweld â Swyddfa Llywodraeth Cymru, a'r Senedd, lle roedd Emma Allen, ymchwilydd yr aelod Torïaidd Kay Swinburne, wedi eu tywys o gwmpas yr adeilad ac esbonio natur ei gwaith.

Buont yn gwrando ar gyflwyniadau yn fy mhwyllgor polisi cymdeithasol ac economaidd , yn addas iawn, ar ddyfodol ieuenctid Ewrop, gan fod cymaint ohonynt yn ddi-waith. Trafodaeth gydag arweinwyr mudiadau pobl ifanc a staff y Comisiwn Ewropeaidd sydd wedi tynghedu arian sylweddol i gefnogi mwy o hyfforddiant. Gresyn nad oes gan fudiadau ieuenctid Cymru lais uniongyrchol a pharhaol yn y rhwydweithio yma.

Bûm innau'n ddiweddarach mewn cyfarfod yn trafod rôl sefydliadau dyngarol fel y Wellcome Trust mewn buddsoddi a chefnogi ymchwil gwyddonol a meddygol. Rôl sy'n bwysicach mewn rhai gwledydd, megis yr Almaen, Sweden a Luxembourg, fel ffynhonnell arall o arian mentergarwch. Mae gweithio ar draws ffiniau gwledydd yn anodd, a chwrdd â gofynion cyfreithiol gwahanol yn llesteirio cydweithio ac ehangu. Mae 'na alw am un statud gyffredin Ewropeaidd i reoleiddio gwaith y sefydliadau dyngarol yma ac i hwyluso eu cefnogaeth o waith ymchwil. Nid yw'r hinsawdd wleidyddol yn ffafriol.

Dychwelyd o faes awyr Brwsel i Birmingham ac yna ar drên gorlawn i'r Trallwng. Un o ddatblygiadau mawr, ac amhersonol, yr oes yw'r gwmnïaeth newydd, fud rhwng teithiwr a'i gyfrifiadur. Boed ar drên neu mewn maes awyr, pawb yn eistedd a'i fywyd mewn sach ar ei gefn. Eistedd, dadwisgo'r sach a dadlwytho'r gwifrau. Chwilio'n awchus am y plwg agosaf i sugno ffics o ynni newydd i'r batri, cyn plymio i ddyfnderoedd y byd sinematig di-ymgom. Rhai'n gwylio ffilm, na fedra i mo'i gweld, gan chwerthin yn uchel yn achlysurol. Cefn y sgrin a'i bathodyn afal yn glawdd metel gyda'i neges glir imi beidio dechrau sgwrs. Eraill yn holi 'Be sy' i swper?' ar eu ffonau, a'r gwaethaf o sgyrsiau yw'r un gan gyflogwr gwryw neu fenyw sy'n clepian wrth gyd-weithiwr anweledig am ffaeleddau cyd-weithiwr arall. Dos o genfigen, gwermod y cystadleuol a bwlio lled braich, wedi'i chwydu dros reithgor o gyd-deithwyr di-ddianc. Difetha diwedd taith hir i mi. Esgus cysgu!

15-12-2015

Prydeiniwr, Tim Peake, wedi hedfan i'r Orsaf Ofod Ryngwladol i dreulio chwe mis yn arbrofi a hyrwyddo gwyddoniaeth.

16-12-2015

José Mourinho wedi gadael ei swydd fel rheolwr Chelsea. Pennawd addas ac amserol yn y cyfryngau: 'Away in a manager'. Addas iawn i'r 'special one', sydd wedi colli rhywfaint o'i swyn. Tybed a yw ei olygon ar Old Trafford?

Ar y ffarm, o flaen fy ngwell eto! Medwyn Lloyd o adran amaeth Llywodraeth Cymru yma i gyfri'r ddiadell ddefaid. Cerdded caeau, cyfri pennau ac yna oriau yn y tŷ yn ceisio cysoni cyfanswm heddiw gyda'r cyfanswm 'nôl ym mis Ionawr a llenwi'r bylchau gyda rhai a werthwyd ac a fu farw. Straen, poen pen, cnoi ewinedd, ac i ba bwrpas?! Medwyn yn brofiadol ac yn amyneddgar. Tic blinedig yn y bocs ar y diwedd, diolch byth.

17-12-2015

Diwrnod yng Nghaerdydd i ddosbarthu anrhegion Nadolig fel arwydd o ddiolch i ffrindiau sy'n fy nghefnogi yn ystod y flwyddyn. Dechrau gyda'r Sefydliad Cymunedol ac yna'r Cyngor Gweithredu Gwirfoddol ac wedyn Swyddfa Cymru y Comisiwn Ewropeaidd yn Caspian Point. Galw hefyd yn Swyddfa Cymru yr Asiantaeth Cymorth Cyfreithiol; bûm yn Gomisiynydd ar y corff a'i rhagflaenodd am dros ddeng mlynedd. Balch o weld rhai wynebau cyfarwydd, fel Paul Davies a James O'Reilly, yn parhau yn eu swyddi mewn cyfnod o doriadau. Bu'n eithaf brwydr ar un adeg i gadw Swyddfa Cymru ar agor a bu Julie Morgan, pan oedd yn Aelod Seneddol, ac eraill yn flaenllaw yn gwrthwynebu. Mynnais innau fod yn rhaid cadw Pwyllgor Cymru pan ddiddymwyd pwyllgorau rhanbarthol Lloegr. Yr Arglwydd Bichard oedd cadeirydd y Comisiwn ar y pryd a chefais ei gefnogaeth ynghyd â chymorth Edwina Hart o Lywodraeth Cymru. Fe ddylai blaenoriaethu a gweinyddu cyfiawnder sifil gael ei ddatganoli, i gyd-orwedd yn y Cynulliad â gweinyddu addysg, iechyd a thaclo tlodi. Mae ein llysoedd yn llawn tystiolaeth o gymhlethdod diffyg addysg, diffyg swydd, cefndir o dlodi a'r cyfan yn arwain at droseddu. Fel gwlad, nid yw ein buddsoddiad mewn taclo'r problemau niferus yn ddigonol i atal llawer o aildroseddu. Gall punt gynnar arbed sawl un yn ddiweddarach ac, yn bwysicach, arbed bywydau.

Roedd yn arferiad gennyf brynu bocsys o Cadbury's Roses bob Nadolig, a dosbarthu dyrnaid wrth bob desg a chael sgwrs gydag aelodau o staff i glywed am eu pryderon a'u gobeithion am y flwyddyn i ddod – arferiad sydd wedi para ers fy nyddiau gyda Bwrdd Elusennau'r Loteri Genedlaethol ugain mlynedd yn ôl. Mae'n bwysig fod swyddogion profiadol a'r rhai sydd newydd ddechrau yn eu swyddi yn adnabod eu comisiynwyr a'u cyfarwyddwyr anweithredol, fel rhan o'r un tîm. Hynny, wrth gwrs, heb danseilio'r llinell atebolrwydd i'r prif weithredwr/wraig.

Ar y ffarm, Robert a Steffan yn gorffen plannu'r coed caled a'u siacedu rhag ymosodiad cwningod, a Marged, fel cwningen, yn tyrchu yn y cwpwrdd dan staer yn chwilio am drimings Nadolig, sydd bron mor hen â'r hanes.

19-12-2015

Yn garcharor yn y pyramid. Y flwyddyn yn dirwyn i ben, talu biliau! Cardiau Nadolig i'w sgwennu cyn y post olaf. Gwaith yn hwyr y nos gyda photel o win a llyfr cyfeiriadau yn sgribyl wrth i ffrindiau symud tai ac i gyfansoddiad teuluoedd newid. Os derbyniodd rhywun garden gen i gyda blotyn coch neu sgribyl presgripsiwn meddyg neu enw anghywir arni, yna roedd y botel yn wag a'r cloc wedi taro deuddeg.

Yn y pyramid mae'r ddau lew tew mor styfnig ag erioed – yn gorwedd wedi'u gludo i'r pentwr papur gan esgus cysgu, a'u llygaid yn dilyn pob symudiad gennyf. Mae'r ddau'n debycach i ddau bentwr o ddillad glaw. Cotiau a chapiau ffarm ar y chwith a chotiau a chapiau gwylio pêl-droed ar y dde. Dau sgiarff o farf, pawennau menyg a chynffonau cortyn bêls a thyweli'n sychu yn sychder y ffeiliau papur oddi tanynt.

Dwi wedi addo gostwng y cloddiau, mewn cytundeb priodasol. Gwasgaru'r llewod, ac mae gen i focsys o siop-pob-peth Haydn a Beryl o Lanfair Caereinion i'w symud neu, o leiaf, eu hadleoli i amgueddfa'r atig. Ond mae 'na wastad waith pwysicach i'w wneud a dwi ofn ypsetio'r llewod a chwalu'r pyramid.

20-12-2015

Dydd Sul cyn y Nadolig. Y tŷ'n llawn cardiau gan ffrindiau a theulu. Amau a fydd y genhedlaeth nesaf yn trafferthu prynu ac anfon cardiau, er mor bwysig ydynt fel modd o godi arian i elusennau. Facebook a Twitter yw'r cyfrwng cyfarch newydd.

Casglu fy *Times* a'r *Wales on Sunday* a phetrol i'r beic ffarm yn ôl fy arfer gan John a May Whittingham o'u siop a'u garej yn Llanfair. Dyma un o'm harferion cyfarwydd, mewn bywyd o deithio ac ymhél â phob math o drafodaethau.

Geraint Lloyd Owen yn adrodd stori am ei frawd, y diweddar Gerallt, ar Radio Cymru. Stori am fwyalchen ddof a arferai ddod at ddrws tŷ Gerallt. Ar ôl marwolaeth Gerallt, dychwelodd pan ddigwyddodd Geraint chwarae tâp o lais ei frawd. Dyna beth yw brawdoliaeth natur.

Andy Murray'n ennill Gwobr Personoliaeth Chwaraeon y Flwyddyn y BBC yn haeddiannol, am ei allu rhyfeddol a chryfder ei bersonoliaeth i ymarfer a brwydro i guro.

Heno, hefyd, noson Plygain Peniel. Nid yn yr hen gapel bach, bellach, ond yn Neuadd Pontrobert, lle mae gwell cyfleusterau parcio, mwy o seddi a chyfle i swpera ar y diwedd. Hiraethu am yr hen blygain clòs, gwerinol a'r partïon gwledig a'u canu unigryw, ond yn falch hefyd fod cymaint yn parhau â'r traddodiad ac yn rhoi noson yn llawn naws i'n harwain at ysbryd y Nadolig. Eistedd yn y cefn cyn ymuno i ganu carol y swper yn glapiog a chyrraedd, yn orchfygol, yr Amen!

Cyfrinach

Dwi ddim eisiau sgwennu hwn. Falle na ddyliwn i ddim chwaith. Dwi ddim yn credu fod 'na werth mewn edrych ar fy motwm bol, hyd yn oed pe gallwn ei weld rhwng y bloneg blewog sy' wedi pentyrru mor seimllyd dros y blynyddoedd. Dwi wedi sylwi ar y 'sêr' sy'n gwneud ffŵl ohonynt eu hunain wrth gyffesu i'r *paparazzi* rhyw gyfaddefiad neu'i gilydd, gan feddwl fod unrhyw gyhoeddusrwydd yn well na dim. Mae Twitter wedi troi cyfweliad gweddol bwyllog mewn print traddodiadol yn gamgymeriad eiliad gyda chyfnod hir o edifeirio, cynffon rhwng coesau. Pwyll piau hi.

Os sgwenna i chwaneg, pa werth y gwersi uchod? Ond, fel y gwydriad dwytha o win coch, mae ei yfed yn siŵr o arwain at un arall. Hwnnw wedyn yn canmol a chyfiawnhau'r teimlo'n well. Un paragraff yn denu un arall. Tudalen hanner llawn yn well nag un hanner gwag. Dim ond rhyw frawddeg neu ddwy arall a byddaf wedi cyrraedd gwaelod y dudalen. Yna bydd gen i stori!

Yn tydi o'n beth od o ddigalon ein bod yn 'sgrifennu o ben tudalen i'w gwaelod? Fyddai hi ddim yn well dechrau ar y gwaelod, teimlo'r adrenalin yn pwmpio a chodi i ryw binacl ac uchafbwynt tua'r top? Cofio John Wayne yn ceryddu rhyw ddihiryn o gowboi fel yr unig un y gwyddai amdano a gychwynnodd ar y gwaelod a gweithio'i ffordd i lawr!

Stori (os stori) gyffes fydd hon. Stori 'drist iawn, feri sad', chwedl Mr Picton. Myfyrdod sy' wedi bod yn berwi mewn crochan pen draw bwtri, nid o gig ffres ond o hen ddillad isaf rhyw nain gynt, mewn dŵr llwyd a mwg. Teimladau cudd y grwgnachwr eithaf, y Scrooge llenyddol mwyaf piwis. Dameg yr heuwr aeth allan i fedi heb drafferthu hau gan ei fod yn siŵr y byddai'r tywydd a'r adar yn difetha'i gnwd. Stori sy'n disgwyl i'r geiriau lifo fel olwyn beic heb oel. Mewn geirau eraill, mae'r stori wedi darfod, heibio'i *sell-by date* ar y dudalen gyntaf.

Rywbryd yn y gorffennol pell roedd 'na ddychymyg ifanc i'r stori; llygaid newydd, awen yn sgleinio'n gyfoes berthnasol. Wel, falle ddim. Falle mai lledrith oedd y cyfan. Rhywun wedi canmol i arbed brifo teimladau mewn cystadleuaeth, y pensaer ifanc wedi cynllunio tŵr Shard ar dywod. Stori a anelodd yn uchelgeisiol i'r sêr cyn hisian yn llwch mewn niwl o ansicrwydd. Hanesyn hen gapten llong yng nghornel tafarn; darn o ddodrefn yn magu pryfed. Mae dodrefn y stori yma, yr eirfa bensiynol, yr ymadroddion mynwentol, y diweddglo, yn rhy gyffredin i Sain Ffagan, a'r cyfan yn *boring* tu hwnt i grebwyll a chymeradwyaeth darllenwyr brys y Kindle.

Mae'n siŵr fod 'na stori am y *comeback kid* yn rhywle. Rhyw Barry John a ymddeolodd yn rhy gynnar ac ail-lansio'i yrfa trwy sgorio ugain pwynt a churo Lloegr yn y Stadiwm Genedlaethol. O leiaf byddai hynny'n well na darllen am stiwdio lawn o gyn-chwaraewyr yn arbenigo ar ddyfalu canlyniad gêm am oriau rhwng hysbysebion. Ond eithriad fyddai'r aileni; gwyrth yn groes i genhedlu dynol. A tydi'r stori yma ddim yn cynnwys gwyrthiau.

Honnodd beirniad, unwaith, nad oedd gobaith i awdur os nad oedd wedi serennu yn bump ar hugain oed. A dyna ddiwedd y stori. Dim ond un ffordd sydd ar ôl, sef i lawr y sleid. Chwarae golff, gwyliau cysglyd ar long i'r Caribî, mynd â'r ci am dro a gwylio *Dad's Army* ar y teledu. Parcio'r cyfrifiadur, pocedu'r beiro a chenfigennu at Guto Dafydd a Ceri Wyn am brydyddu mor wych a chlyfar. Damio nhw! O na bawn i'n Dylan Iorwerth (efo gwallt!).

Pe bawn i'n arddwr mi fedrwn dyfu tomatos i'r sioe leol gystal ag unrhyw gyw coleg. Does dim geirfa ffasiynol na dychymyg cŵl mewn rhes o letus. Tipyn o chwys fforchio falle, ac mi fedrwn i chwysu hefyd wrth goginio rhyw giwcymbyr o hunangofiant yn canmol pawb efo llun blodeuog, lliw gwyliau haul, neu ddau i lenwi tudalen a phlesio'r teulu. Ond mae 'na ddant y llew yn y border bach hen ffasiwn yma. Un adolygydd a'i sylwadau'n rhwystro'r blaguryn cyntaf, un arall yn cysgodi'r ffrwyth rhag tyfu ac yna cylchgrawn llawn chwyn; hacs yn tagu pob gobaith am stori dda.

'Awdur ddoe wedi colli'i ffordd. Gwell iddo barcio ac ailfeddwl. Lawr i'r trydydd dosbarth, yn ystafell 101.'

Mae rhwd ar y swch, haws atal y dweud ac esgusodi na dyheu a thwyllo wrth baragraffu'r cwysi bellach. Heb y cyfrifiadur byddai'r fasged yn llawn papur crwn, y clawdd yn orlawn o ddrafftiau diddiwedd. Diolch am y botwm *delete*. Gallaf gysuro fy hun fod y coesau'n gallu canlyn y ci, fod helyntion milwrol Capten Mannering yn parhau i fod yn ddoniol ac mae'r botel win yn rhad, a'i gallu i greu breuddwydion yn effeithiol am un dudalen ddyddiol, o leiaf.

Yfory, tabledi nid geiriau fydda i'n eu cyfri. Bydd y cyfan, y llyfr a'i glawr, fel papur ddoe yn felyn ac yn barod i'w ailgylchu yn stori rhywun arall. Gwae!

21-12-2015

Diwrnod arbennig yn fy mywyd, oherwydd dyma'r dyddiad, ym 1975, pan lwyddais i berswadio Marged i ddod allan gyda mi am y tro cyntaf. Dêt go iawn! Aethom am swper i westy Siôr y Trydydd ym Mhenmaenpŵl, ger Dolgellau, gyda ffrindiau i'm cynorthwyo, fel gosgordd!

Y prif atgof sydd gen i yw fod Marged yn gwisgo sanau bob-lliw trwchus, gyda lle gwahanol i bob un o'r bodiau. Ar ei phen, mop o wallt hirfelyn, mwy Ingrid na Marged. Datganiad o ffasiwn i ddenu ffarmwr plaen o Gwmnantyreira.

Dathlu trwy godi (fi, nid Marged) am ddeng munud i bump y bore i fynd â 30 o ŵyn ola'r flwyddyn i'r farchnad yn y Trallwng. Yn ddiweddarach, gwario rhywfaint o arian y gwerthiant ar handbag-cario-pob-peth fel anrheg i Marged.

Byddaf yn ceisio siopa am fy anrhegion Nadolig i gyd yn y Trallwng er mwyn cefnogi siopau ein trefi bach, gyda nifer o'r anrhegion yn llyfrau o siop Pethe Powys. Awr, a dyna'r cyfan wedi'i wneud, heb drafferthu pacio na defnyddio selotep!

Andrew Watkin, Gareth Chapman a Dylan Jones yn ceisio ailgodi to ar y ffarm, a gorffen cyn y Nadolig. Braf fod Cymry Cymraeg lleol fel y rhain, a chan gynnwys Dewi, Dyfrig a Gareth Jones, yn grefftwyr profiadol, i gyflenwi anghenion adeiladu, tra bod Tony Isaac o Feifod yn atgyweirio gwifrau trydanol i arbed damwain, cyn inni godi'r goleuadau geriatrig oddeutu'r goeden. Mae cymuned yn gynaliadwy tra bod ganddi grefftwyr lleol yn ennill bywoliaeth a datblygu busnesau.

Sepp Blatter a Michel Platini, barwniaid y byd pêl-droed, wedi'u cael yn euog o gamweinyddu gan dribiwnlys FIFA.

22-12-2015

Cyhoeddwyd fod miliwn o ffoaduriaid wedi cyrraedd gwledydd y Gymuned Ewropeaidd yn ystod y flwyddyn, gyda'u hanner yn llochesu yn yr Almaen. Mae niferoedd mor fawr ac mor sydyn, oherwydd rhyfeloedd a gorthrwm ideolegol ac economaidd, yn gallu tanseilio cynaliadwyedd cymunedau, oni bai fod ymdrechion llawer gwell i'w cynorthwyo i gymhwyso. Dadl yn datblygu rhwng y confensiwn y dylai ffoaduriaid sefydlu yn y wlad gyntaf iddynt lanio ynddi a'r farn gynyddol, oherwydd maint y niferoedd, y dylai pob gwlad dderbyn cwota.

Ar drothwy'r Nadolig, pan nad oedd lle yn y llety ym Methlehem, a'r angen a fu i deulu ffoi o'r stabal i'r Aifft, mae dynoliaeth eto'n cael trafferth deall ystyr brawdgarwch stepen drws.

23-12-2015

Un weithred bwysig yn weddill ar y ffarm cyn y Nadolig, sef sganio'r defaid fydd gyntaf i wyna. David Evans yn sganio 580 mewn ychydig oriau a chyhoeddi ar gyfartaledd fod y beichiogrwydd yn 183 y cant. Mater gwahanol yw faint o'r ŵyn fydd byw ond fe ddaw'r defaid i mewn i'r siediau i'w bwydo'n well yn fuan ar ôl y Nadolig.

Aron, fy ŵyr, wedi cadw'i rieni'n effro trwy gyfri mewn Ffrangeg a Chymraeg, bob yn ail, tan dri o'r gloch y bore!

Teulu o Foslemiaid o Brydain wedi cael eu cais am fynediad i ganolfan wyliau Disney yn yr Amerig wedi ei wrthod, am ba bynnag reswm. Tensiynau tebyg ar nifer o ddudalennau'r papurau yn porthi pryderon.

William Hague, y cyn Ysgrifennydd Tramor sydd bellach wedi ymgartrefu gyda Ffion yn ein hardal, wedi ysgrifennu erthygl yn cefnogi'r angen i Brydain aros o fewn y Gymuned Ewropeaidd, er ei fod yn disgwyl gwelliannau yn ei gweinyddiad.

24-12-2015

Teuluoedd yn magnedeiddio tuag adref a'r cyfrifiaduron yn cael gorffwys. Cyrhaeddodd yr ŵydd a'r twrci yng nghefn car Lavinia Vaughan a bydd Marged yn gofalu fod platiau llawn yn ein haros yfory. Bydd disgwyl i Owain a Steffan flingo'r sbrowts gan eu bod mor hoff ohonynt ac, er eu bod yn blant mawr bellach, bydd rhaid, o hyd, sleifio i lawr y coridor ym mherfeddion nos i adael anrhegion tu allan i ddrws llofft.

Sicrhau fod gan y gwartheg ddigon o fwyd, a gwellt glân i orwedd arno, fel na fydd raid eu bwydo yfory.

25-12-2015

Nadolig llawen i bawb!

Siwan a Rhodri wedi llwyddo i godi a chyrraedd Capel John Hughes ym Mhontrobert erbyn 6 y bore. Y nifer a ymdrechodd eleni'n llai nag arfer. Dim ond tri pharti – teulu Moeldrehaearn, teulu Roy Griffiths a Siwan a Rhodri – a fentrodd allan i wasanaeth mor gynnar.

Mae Nia Rhosier a'i chyd-ymddiriedolwyr yn gwneud gwaith arbennig o gadw'r capel hanesyddol a chrefyddol bwysig ar agor. Mae gennym ni, yn lleol, a chyrff cyhoeddus gwarchodol, gyfrifoldeb i sicrhau fod y fangre a'r ymwybyddiaeth o ddarn pwysig o'n traddodiadau crefyddol yn goroesi.

Llo bach Nadolig wedi ei eni dros nos. Cofio prynu'i fam flynyddoedd yn ôl o ffarm uwchben Gwyddelwern ger Corwen. Dim rôl i'r llo yn stori'r ŵyl ond yn falch o'i weld yn sugno heb angen cymorth!

Ar fore'r Nadolig byddaf yn gorffen dosbarthu anrhegion drwy ymweld â Frances a Mike Cartwright, yr

Ywen. Dyma ddau o'n cymdogion agosaf ac mae cwrdd Frances, sy'n gorfforol gaeth i'w chadair olwyn, yn donic, oherwydd ei hwyl a'i dewrder. Mae wedi dysgu Cymraeg ac yn awdur llyfr ar hanes eu cartref, yr Ywen, a'r ardal gyfagos.

Wedi cinio mawr, blasus a Nain yn brif westai, agor y parseli anrhegion a phawb yn dyfalu oes 'na syrpréis y tu hwnt i'r siocledi a'r sanau! Derbyniais siwmper gan Siwan a Rhodri, gwyliau yng Nghanolfan y Garreg Las gan Owain, Celine ac Aron a dyddiadur ffarm gan Steffan a Rosie, ymhlith nifer o bethau eraill. Rhoddais innau lyfrau Dafydd Iwan ac Emyr Davies i Nain a llyfr Bethan Gwanas i Siwan. Rhoi tractor Massey Ferguson i Aron ond gan fod ei goesau'n rhy fyr ar hyn o bryd i symud y pedalau, cawsom hwyl yn ei lusgo oddeutu'r gegin a'r parlwr!

Neb eisiau te na fawr o swper. Pawb a'u boliau fel balŵns ac yn barod am wely cynnar. Meddwl am yr un nad oedd wrth y bwrdd bwyd bellach, sef Taid. Mae'r Nadolig yn ŵyl y geni gyda'i hapusrwydd, a'i hiraeth teuluol hefyd.

31-12-2015

Noson ola'r flwyddyn a bore cyntaf blwyddyn newydd. Wedi treulio oriau'n casglu gorchudd anrhegion a bocsys gwag i'r casglwyr ailgylchu. Seibiant yr ŵyl yn darfod, newyddion cyfryngol yn cyhoeddi fod lladd a rhyfel a marchnata wedi ailddechrau. Y cloddiau'n parhau o dan reolaeth y llewod. Sefydliad y Cenhedloedd Unedig, ein gobaith am achubiaeth, yn ddiffrwyth, mewn llewyg ac yn ddibynnol ar ymdrechion dewr elusennau dyngarol.

Fel arfer, ymlacio ar y noson yng nghartref ffrindiau. Eleni, yma ym Mhlascoch gyda Paul a Mary Steele, Sian

Lee a Huw Lewis. Paul yn gyn-athro Cemeg roddodd oriau o addysg ysgol a chefnogaeth ôl-ysgol i genedlaethau o ddisgyblion. Mary'n gyfieithydd a gwirfoddolwraig ddiflino a, bellach, yn nain brysur. Sian, yn wreiddiol o Gwm Rhymni, yn nyrs, yn gweithio gyda theuluoedd bregus i CAMHS ym Mhowys. Mae hefyd yn ymddiriedol-wraig o Ysgol Feithrin Llanfair Caereinion, a chyda'r dewraf, wrth iddi fyw bywyd gydag aren a drawsblannwyd iddi. Huw yn gyd-fyfyriwr i mi yn Aberystwyth, yn bostfeistr ac unig siopwr, gwerthfawr, pentref Meifod, yn ogystal â bod yn un o ddyfarnwyr pêl-droed prin cynghreiriau Maldwyn. Nid y mwyaf poblogaidd o swyddi!

Dros y blynyddoedd rydym wedi gweld ein plant yn tyfu, fel bod angen i un ohonom wirfoddoli'n yrrwr tacsi i'w cyrchu adref o'r Cann Offis. Bellach, gallwn ddisgwyl tecst neu alwad ffôn gan ein teuluoedd newydd yn dymuno dymuniadau gorau o'u gwahanol gartrefi, pell ac agos.

Eiliad sydd rhwng dwy flwyddyn, cul fel crib llwybr yr Wyddfa, fel pig to'r pyramid, ansefydlog fel copa clawdd fy mlwyddyn. Dwi ddim yn hoff o uchder, pris rhy berylus i'w dalu am olygfeydd gwell, gyda'r llewod yn rhythu. Sefyll a phetruso.

Islaw'r cloddiau mae 2015 yn disgyn drwy'r cymylau papur yn gymysgedd o atgofion a breintiau.

Gweddïo gweddïau preifat am iechyd personol, teulu a ffrindiau, am ddyfodol gwell i'm gwlad a'm hiaith a thros drueiniaid y byd na ŵyr ddim am loches cloddiau cysgodol bywyd cyfforddus.

Eistedd am eiliad, i obeithio fod gen i rywbeth ar ôl i'w gynnig y tu hwnt i rwd cyhyrau'r blynyddoedd. Gobeithio na fydd fy ngwydr coch yn gyffur o wenwyn.

Pendroni a dyfalu beth i'w ddisgwyl yn 2016. Does dim sicrwydd ond mae rhai datblygiadau'n debygol.

Marged yn gweithio'n rhan-amser, bellach, ar ôl dros

ddeng mlynedd ar hugain fel meddyg teulu yn y Drenewydd a'r cylch. Cyfle i dreulio mwy o amser gyda'i theulu a'i ffrindiau. Awydd ymuno â gwersi Pilates drws nesaf.

Bydd Steffan yn gadael ffarmio (dim ond dros dro, gobeithio!) yn yr haf i ddilyn contract blwyddyn gyda sioe *Les Misérables* yn y West End, Llundain.

Disgwyl ychwanegiad i deulu Owain a Celine ac Aron yng Nghaerdydd rywbryd rhwng Chwefror a Mawrth.

Siwan yn parhau fel meddyg plant yn ysbytai Glan Clwyd, Arrowe Park, Wrecsam ac Alder Hey. Parhau i deithio teithiau hir yn ôl gartref at Modlen, a Rhodri, wrth gwrs!

Rhodri'n meddwl treulio mwy o amser yn fy helpu i ar y ffarm a llai yn cyfreithia. Fydd dim prinder gwaith!

Ar y ffarm, hefyd, byddaf innau'n parhau i fwynhau cynllunio gwelliannau i'r tir, i'r tirwedd, yr adeiladau a'r anifeiliaid. Ein cynllun amaeth-amgylcheddol Ewropeaidd, Glastir, wedi'n galluogi i gylchdroi cnydau haidd a maip ac ailhadu porfeydd blinedig. Mewn cyfnod o dwf mewn adeiladau i fagu cywion ieir a newid ym mhatrwm bwyta cig coch, poeni fod y ffarm yn or-ddibynnol ar un math o gynnyrch. Edmygu mentergarwch ffermwyr ifanc fel Edward Vaughan, Sychtyn, Llanerfyl, yn buddsoddi mewn cynhyrchu ynni amgen. Parhau, hefyd, i boeni am anghofio cwblhau gwaith papur angenrheidiol y ffarm. Dwi'n styfnig i ymrwymo i'r bygythiad 'popeth ar-lein'.

Ond mae'r pendroni diwedd blwyddyn mwyaf ynghylch y term newydd 'Brexit'. Ymddengys y bydd refferendwm rywbryd yn 2016. Pan ddaw, a fydd gennym ddigon o wybodaeth am oblygiadau torri cytundebau deugain mlynedd o gydweithio pe baem yn dewis gadael yr Undeb Ewropeaidd? A fydd 'na faniffesto amgen clir i'w bwyso a'i fesur?

Eisoes, mae fy nghyd-weithwyr o wledydd eraill Ewrop yn poeni a holi. Nifer ohonynt gyda phlant yn astudio yn ein prifysgolion. O fewn ein teulu mae Celine yn berchen ar basbort Ffrengig! Pawb am inni aros, oherwydd eu parch at ein cyfundrefn ddemocrataidd sefydlog, ein rôl a'n patrwm rheoleiddio, ein sector gwirfoddol. Llawer yn edmygu ein busnesau hyblyg a'n marchnad fewnforio agored. Yn bwysicach fyth, gwerthfawrogant ein cyfraniad parhaol i heddwch Ewropeaidd ac at gyfrannu i ffrynt cryf yn erbyn yr Arlywydd Putin. Rydym hefyd, fel y Deyrnas Gyfunol, yn gyfrannwr hael i gronfeydd cyllidol yr Undeb er fod ardaloedd tlotaf Cymru'n cael mwy yn ôl nag a gyfrennir.

Mae gennym ninnau lawer i'w ddysgu gan ddinasyddion Ewropeaidd eraill cyfoethog eu treftadaeth.

Cyfarfodydd eisoes yn cael eu cynnal ym Mrwsel wrth i swyddogion David Cameron, o dan arweiniad Syr Ivan Rogers, chwilio am gonsensiynau gan y Comisiwn, ar ran y gwledydd eraill. Tasg anodd, gan nad oes fawr neb ym Mrwsel yn credu y bydd y Deyrnas Gyfunol yn pleidleisio i adael.

Fedraf innau ddim credu y bydd Cameron yn galw refferendwm heb feddwl y gall ennill, gyda chefnogaeth holl adnoddau ei weinyddiaeth yn ogystal â chefnogaeth Llywodraethau Cymru a'r Alban a mwyafrif y gwrthbleidiau a'r undebau llafur.

Ar y llaw arall, mae dwy ffordd o sbïo dros ben fy nghlawdd. Gwn, fel Cymro, pa mor anodd yw ennill refferendwm gan fod pob math o ofnau'n pentyrru i'r blwch pleidleisio. Gwn, hefyd, pella'n y byd y gwneir penderfyniadau, lleia'n y byd o ddealltwriaeth a pherchnogaeth sy'n bodoli ymhlith dinasyddion. Dywed llawer eu bod am barhau'n gyfeillgar ac am gydweithio â dinasyddion eraill Ewrop ond ddim am ildio'r hawl i reoli niferoedd y mewnfudwyr o ddwyrain Ewrop i ddwylo Comisiynwyr ym Mrwsel. Mae'r term 'biwrocrat' yn creu ymateb negyddol ac er fod gennym y rhyngrwyd i ddosbarthu gwybodaeth, mae'r llinellau atebolrwydd yn parhau i freuo gyda phellter.

Hyn, er fod y prif Gomisiynydd, Jean-Claude Juncker, wedi ymrwymo a dechrau ar broses o leihau maint y Comisiwn a chwtogi ar nifer y rhaglenni ymyrryd canolog. Mae llai o staff yn gweithio yn y Comisiwn nag sydd i Lywodraeth yr Alban. Go brin y bydd hynny'n wybyddus i bleidleiswyr, o ddarllen rhai o'n papurau dyddiol, ac efallai nad pŵer y biwrocratiaid yw eu prif reswm dros fod yn sgeptig.

Mae'r bathodyn Ewropeaidd ar gornel prosiectau pwysig a ariannwyd yn rhannol o gronfeydd Ewropeaidd yn fud!

Un peth sy'n sicr, pan ddaw'r bleidlais, fydd dim lle i eistedd ar ben clawdd. Rhaid penderfynu.

Beth bynnag fydd y canlyniad, mi fyddaf wedi cael blwyddyn, a blynyddoedd, hapus iawn yn cydweithio, a dysgu, gyda fy nghyd-ddinasyddion Ewropeaidd. Mae fy nghlawdd yn gyfoethog o blanhigion syniadau, yn drysorfa o gyfeillgarwch. I fewn neu allan, fedra i ddim ond gobeithio y bydd ein disgynyddion Cymreig, rywsut, yn medru rhannu'r un math o brofiadau eangfrydig a llwyddo i gadw'r pontydd (heb y llewod) yn llydan ar agor.

*   *   *

Am hanner nos, gwell rhoi dyddiadur 2015 gyda'r gweddill yn ei glawdd priodol a gadael y dyfalu i lenwi colofnau ffeithiol y dyddiadur newydd. Gwell codi o lawr y pyramid a dychwelyd i'r gwmnïaeth yn y gegin, a'r Prosecco!

'Lle wyt ti wedi bod? Y gwesteion yn methu deall!' sibrydodd Marged.

'Wel, ym, moyn potel arall o win, dim ar ôl yn y pantri. Es i edrych yn y swyddfa. Dyna lle roedd y ddau lew tew wedi ypsetio ac yn bygwth ymladd, fel Cameron a Farage. Rhaid oedd ymyrryd – er lles y wlad,' atebais.

'Be? Pa lewod?' gofynnodd.

'Oes 'na rywun isie paned o goffi?' gofynnaf.

* * *

'Helô Llew?'

'Helô Llew?'

'Wel, dyma ni'n dau wedi llwyddo i oroesi blwyddyn gron arall yn gwarchod ein cloddiau.'

'Ie, doedd 'na ddim llawer o beryg iddo ein chwalu.'

'Na. Dim ond tocio, trimio cosmetig, fel torri'i wallt.'

'Un fel 'na ydio. Chwilio am gyfaddawd, osgoi a gohirio.'

'Od, hefyd, ac yntau wedi cyrraedd oed pensiwn.'

'Ie, a'i ffrindiau'n ymddeol i chwarae golff a mordeithio.'

'Ffarmwr, byth yn ymddeol!'

'Hei yp, dyma fo'n dod.'

'Ie, ond efo'r bocsys plastig 'na brynodd o gan Haydn o'i siop-pob-peth yn Llanfair.'

'Maen nhw wedi bod yn wastraff arian, yn eistedd ar ben y rhewgell ers wythnosau.'

'O'n i'n meddwl ei fod am eu defnyddio i gadw moddion defaid a gwartheg, ar ôl iddo gael cerydd am beidio cadw'i gyffuriau dan glo adeg ei archwiliad diwethaf.'

'Mae o'n mynd i gael gwared o dy glawdd di!'

'Na, 'di o ddim. Ti a'th ddyddiaduron a phapurau pwyllgor sy' dan fygythiad.'

'O diar, dwi ddim isie gorfod gostwng fy nghlawdd na gorffen fy mywyd ar domen sbwriel. Mae gen i falchder!'

'A finne. Os ddisgynna i'n is fedra i ddim gweld drwy'r ffenestr, ac mae'n gynnes fan hyn.'

'Stopia fo 'te, rhua neu ddangos dy ddannedd!'

'Be ddigwyddodd i Bil a Ben, y fflower pot men?'

'Pwy? Ti wedi bod yn darllen gormod o'r hen lyfre 'na.'

'Dwi'n darllen pan wyt ti'n pendwmpian.'

'Farquaad efo coese bach a phen mawr wyt ti.'

'A tithe'n Shrek o dwp!'

'OK, OK, dim pwynt ffraeo. Fo 'di'r broblem.'

'Ie, 'den ni'n gwneud ein gwaith gwarchod gystal ag unrhyw lewod. Mae gennyn ni bedigri a hyfforddiant ar Bont Britannia.'

'Gallwn ei fyta fo, fel Daniel yn ffau'r llewod. Fydd neb yn ei golli.'

'Ond chafodd Daniel mo'i fyta!'

'Sut ti'n gwybod?'

'Ffydd, Llew. Ffydd.'

'Heelp! Mae'r clawdd 'ma'n dechrau ysgwyd!'

'Oes gen ti barasiwt?'

'Gobeithio wneiff o ddatgysylltu'r cebyls lectric yna neu mi fyddwn i gyd yn mynd i fyny, nid i lawr!'

'Trwy lwc, does ganddo ddim digon o focsys i feiddio symud y bilie a'r cofnodion ffarm.'

'Paid ti â bod yn rhy siŵr. Mae 'na ddau hen gês gwyliau yn y garej 'na.'

'Aw, dwi'n gostwng. Damio disgyrchiant!'

'Be? Mae o'n dechrau ar dy glawdd di rŵan.'

'Dwi'n gwybod, mae ei law'n gogleisio 'mhen ôl i!'

'Ti'n cofio be ddigwyddodd i Humpty Dumpty?'

'Gafael yn dynn. Clampia dy bawennau!'

*　　*　　*

''Den ni'n dal yma?'

'Yden, mae o wedi gorfod stopio. Tisian oherwydd y llwch, debyg.'

'Dwi'n meddwl ei fod wedi cytuno efo Marged, gan na ddaru hi orffen gwagio'r pantri, y bydd yn cael clirio'i gofnodion a'i ddyddiaduron hynaf, yn y bocsys, i'r atig at hen deganau'r plant a fale llynedd. A chadw'r gweddill, y rhai cwbwl angenrheidiol, yn y swyddfa, fel yn arch Noa.'

'Creu arch-if?'

'Hy?'

'Dwi ddim isie gorwedd efo rhyw weddillion tedi bêrs. Dwi'n llew, brenin y jyngl-swyddfa.'

'A finnau?'

'Wrth gwrs, ni yw'r gwarchodwyr. Dogberry a Verges y cloddiau. Os bydd llai o ffeiliau, a rheini'n rhai pwysig iawn, yna gall Laura ailddechrau hwfro. Dim byd wedi newid.'

'Na, ond mae ei gyfrinach, bellach, yn agosach i'r wyneb. Shhh!'

'Lle da yw clawdd i guddio cyfrinach. Roedd o'n arfer cuddio'i deganau yng nghlawdd yr wtra, ac wedyn ei sigaréts mewn tun. Roedd cloddiau'i blentyndod yn gyfoethog o fioamrywiaeth.'

'Gair mawr.'

'Briallu a chlychau'r gog, aroglau haf y gwair di-wrtaith, adar yn canu'n y gwrych a phlant yn cuddio a chusanu a llosgi yn y dalan poethion. Dyddiau da. Clawdd go iawn.'

'Seidar ddoe yn troi'n siampên! Ond, y gyfrinach?'

'Yr holl boteli gwin coch 'na, a'u hanner yn wag. Pob un yn swatio'n euog, fel llygod. Dwsinau'n pentyrru fel magnelau. Cuddio'n ddiniwed oddi tanom, fel cywion. Puteinio rhwng cofnodion ac adroddiadau sychedig!'

'Bydd gwaith ailgylchu.'

'Fin nos, mae'n eistedd wrth ei ddesg, wedi blino, a chael ei demtio i sipian Rioja a bwyta siocled oren. Mae'n ildio, bob tro.'

'Problem fawr.'

'Does dim cyfri unedau o alcohol saff fan hyn.'

'Beth petai Marged yn gwybod? Rycsions!'

'Ond mae'r cloddiau'n cuddio a'r gofalwyr yn fud.'

'Mae ei gyfrinach yn saff gyda ni'n dau.'

'Dyna mae llewod yn ei wneud.'

Rhestr Noddwyr

Gyda diolch yn fawr am eu cefnogaeth parod a'u
cydweithrediad dros y blynyddoedd:

Dennis Shingler & Sons
I T Jerman & Co.
Morgans Cyfrifwyr
Cadwallader & Co. Cyfrifwyr
Camlas Farm Vets
Morris, Marshall & Poole
Norman R Lloyd & Co.
Welshpool Livestock Sales
H V Bowen & Sons [Agriculture] ltd.
FUW Insurance Services
KLF Insurance Brokers Ltd.
Bettws Hall ATVs
Arthur Hoyle
H J Lea Oakes
Pickstock Telford Ltd.
J & M Whittingham Ltd.
R V W Pugh Ltd.
Emyr Evans a'i Gwmni
Livestock Marketing Ltd.
Powys Leys
Hadlow Edwards Wealth Management Ltd.
Ymddiriedolwyr y Sefydliad Cymunedol yng Nghymru
Liza Kellett
Wynnstay Group plc.
Agri Advisor LLP
Geldards LLP
Class Neworks
Cwmni Trelars Ifor Williams

Glyn Ll Jones
Banwy Fuels Cyf.
Gilbert Davies a Phartneriaid LLP
G Bryan Jones Cyf.
Andrew Watkin Cyf.
Charlies Stores
Nigel Annett

Bydd eu cyfraniadau yn gyfanswm o £3.6k i'w ddosbarthu
i elusennau a grwpiau gwirfoddol

Diolchiadau

Fel pob awdur arall mae gen innau restr hir, ac o bosib anghyflawn, o ddiolchiadau haeddiannol:

Diolch i Myrddin a Gwasg Carreg Gwalch am fentro i olygu ac argraffu'r llyfr mor broffesiynol a phrydlon. Diolch yn arbennig i Myrddin am ei amynedd diplomataidd tra'n delio gydag awdur mor amaturaidd a chyfrifiadurol ddiffygiol.

Diolch i'm cydweithwyr, ar y ffarm, yn y sector gwirfoddol yng Nghymru, ac i'm cyd gynrychiolwyr ym Mrwsel am eu cefnogaeth i'm galluogi i gael amser i gwblhau'r gwaith.

Diolch i staff *Brussels Airlines* am ddarganfod fy sgript wedi imi ei gadael un noson ar awyren!

Diolch yn fawr iawn i'r cwmnïau a'r unigolion sydd wedi fy noddi ac am eu cydweithrediad a'u cyfeillgarwch dros y blynyddoedd.

Yn arbennig, diolch i'm teulu am bob anogaeth, ac yn arbennig i fy merch Siwan am oriau o gywiro gwallau sillafu a cham-drin cyfrifiadurol!

Tom Jones
Mai 2017